教育部哲学社会科学研究重大课题攻关项目"新时代马克思主义政治哲学话语体系构建研究"(批准号:19JZD008)
上海市哲学社会科学规划(马克思主义研究专项)委托课题"共建共治共享社会治理的主体结构及其困境突破研究"(批准号:2018WLL003)
上海高校马克思主义理论研究项目"新时代社会治理主体结构的基本逻辑与梗阻突破研究"(批准号:ZX2019－YG05)

中国协商治理的镜鉴与样态探微

魏崇辉　著

上海交通大学出版社
SHANGHAI JIAO TONG UNIVERSITY PRESS

图书在版编目（CIP）数据

中国协商治理的镜鉴与样态探微 / 魏崇辉著. —上
海：上海交通大学出版社，2022.3
ISBN 978-7-313-26088-8

Ⅰ.①中… Ⅱ.①魏… Ⅲ.①民主协商-研究-中国
Ⅳ.①D621

中国版本图书馆 CIP 数据核字（2021）第 257079 号

中国协商治理的镜鉴与样态探微

ZHONGGUO XIESHANG ZHILI DE JINGJIAN YU YANGTAI TANWEI

著　　者：魏崇辉

出版发行：上海交通大学出版社　　　　　地　　址：上海市番禺路 951 号
邮政编码：200030　　　　　　　　　　　电　　话：021-64071208
印　　刷：江苏凤凰数码印务有限公司　　经　　销：全国新华书店
开　　本：710mm×1000mm　1/16　　　　印　　张：9.5
字　　数：165 千字
版　　次：2022 年 3 月第 1 版　　　　　　印　　次：2022 年 3 月第 1 次印刷
书　　号：ISBN 978-7-313-26088-8
定　　价：68.00 元

版权所有　侵权必究
告 读 者：如发现本书有印装质量问题请与印刷厂质量科联系
联系电话：025-83657309

前　言

Preface

　　中国协商治理是治理的中国样态,是对西方治理的借鉴,更是超越。治理理论有效适用整合的必要来源于党领导下的社会的渐次成长,整合的可能是组织重建与信仰重塑,政府(执政党)在其中发挥关键作用。促成整合根本上需要利益共享。利益共享是治理理论有效适用的基本指向。权力监督是利益共享的前提。治理理论有效适用的前提是对社会发展前景的认同,特别是改革共识的构建。对于社会转型的后发国家,治理理论的有效适用与政治发展密切勾连于现代国家建设。应对治理不力须从构建信任着手,这必然与治理规则的设定、施行及治理精英的成长紧密相连。整合与共享是从应然层面上对治理理论有效适用的描述。当代中国治理理论有效适用有其最低限度的意义。通过有效适用治理理论,过程上可以寻找公共治理之问题所在。明晰认知定位是公共治理的基本背景。基于认知塑造,构建组织化与法治化的体系是推进当代中国治理理论有效适用的基本要义。体系构建是操练多元主体的现实体验,是对认知的检验。从过程意义切入,到认知塑造,再到体系构建,构成了当代中国公共治理理论有效适用的基本线索。

　　对治理理论当代中国的有效适用可以从过程与体系双重维度进行考察。从过程维度来看,治理理论有效适用的基本方向是建构现代国家与保障公民基本权利的共同有序推进。工具选择走向决定了公共治理中各主体的组成及其定位。工具选择在当代中国有其特殊形态,使其符合公共治理的基本方向需要对多元主体的责任有科学认知,这一认知可以从政府(执政党)、市场与社会三个方面来展开。治理理论有效适用的过程,是分享公共权力的过程。以推动治理理论有效适用为指归的权力分享与权威转换中,信任发挥基础性作用。治理理论有效适用对整个社会信任构建亦起到作用。治理理论有效适用论及的基本内容是国家与社会、公民各个治理主体作用的发挥及其之间的良性互动。此过程是应对冲突、平衡交换以促进互动的过程。依存领域与主体范围受到框定的冲突可能带来公共治理中的整合失败。不平等交换会带来公共治理主体的非良性互动。持续的治理与有效的权威可以从"中国人行动的逻辑"中获得印证。治理理论有效适用依托现代国家构建、社会的成长与成熟,在中国人行动的当下与未来策略中得到实现。对当代中国治理理论有效适用的考量需要与民主政治发展密切勾连展开。民主政治发展贯穿当代中国治理理论有效适用,两者互相促动,共同有序推进。当代中国治理理论有效适用的目标是预防与化解社会冲突,其根基是生成共识。冲突的化解与共识的凝练需要政府(执政党)的回应。政府(执政党)的有效回应需要公民与社会的监督与制约。

就体系维度而言,治理理论有效适用的方向在于通过这一过程形成对现代制度建设的推动和促进,现代制度的逐步确立与完善反过来则有利于治理理论的有效适用。现代制度建设与治理理论有效适用需要多元主体。当代中国治理理论有效适用之必要来源于导向多元主体的过程意义,其基础是公民与社会组织的成长与成熟,其保障是党的领导。结构是治理理论有效适用的基本媒介,其包含结构主体及结构设置。通过比较整体性治理与网络治理方式的异同,透析当代中国治理理论有效适用的可能方式。治理理论对多元主体的追求有引致责任模糊的风险。这要求政府(执政党)勇于担当首要的公共治理责任。公民亦必须承担相应的公民责任。治理理论有效适用的持守是实现公共利益。要实现公共利益必须不能以个人利益、群体利益吞噬公共利益。只有多中心行为主体均势,才能使治理理论有效适用成为可能。当前,实质上仍未真正达到多中心行为主体均势。偏离持守与未竟均势使得治理秩序建构意义显著。反过来,秩序的建构关系到治理理论适用的未来持守与均势走向。

全面深化改革是治理理论有效适用的基本语境。全面深化改革以破除公共治理中的既得利益进而塑造成熟的多元主体,以公共事务的成功共同治理为抓手。借由共同成功治理公共事务可以生成关于"全面深化改革视域中治理理论有效适用"的知识。从基于底线伦理的中国特色出发,当代中国公共治理追求立足中国实际的多元主体的成长与成熟,关键在于实现执政依托与指归于"为人民服务",方略是重塑适应性的公共治理及其话语,完善公共治理的组织与制度框架。全面深化改革的总目标是完善和发展中国特色社会主义制度,推进国家治理体系和治理能力现代化。马克思国家与社会学说为当代中国国家治理现代化提供了理论指导。从治理的本原内涵出发,国家治理指国家主导下的多元主体共同治理,强调的是"国家"与"治理"的双重意涵。当代中国国家治理既要充分发挥社会主义国家优势,又要充分发挥治理优势的治理形态。判断当代中国国家治理现代化的原则是党的领导、人民当家作主、依法治国。法治、民主、协商、高效是判断当代中国国家治理现代化的标准。以马克思国家与社会学说为指导,从基本理解出发,要促进当代中国国家治理现代化的发展,必须构建成熟的多元主体。

国家治理现代化需要政治文化现代化所提供的价值底蕴。国家治理现代化与政治文化现代化具有内在关联。基于主体、机制与评价三重维度,可以看出国家治理现代化视角下的现代政治文化应该是坚持以人为本的,以增强人民群众的主体意识为基本依托;应该是坚持依法治国,以健全社会主义法治民主作为基本路径;应该是坚持中国特色社会主义的,以服务社会主义国家和人民为基本指归的系列心理过程与心理特征。共存与融合勾勒出转型期政治文化的基本形态,其典型表征是政治参与意识和政治参与制度。国家治理现代化视角下培育现代政治文化的基本路径是:推进政治社会化,增强政治主体意识;加强社会主义法治,健全政治参与机制;准确定位,正确处理多元政治文化之间的关系。

治理在西方的展示就是西方治理理论及其实践。当代中国治理的基本样态是协商治理。从对治理理论有效适用的研究切入是当代中国协商治理研究的可能路径。协商治理研究不能无视对西方治理理论及其有效适用的研究。协商治理研究需要注重学术性与意识形态性的平衡、普遍性与特色性的协调、全局性与差异性的搭配。构建中国协商治理话语体系是应对当代中国协商治理研究中存在问题的可能之策。治理理论当代中国适用的核心基点是多元主体之间的紧张与互动关系。中国协商治理的实践逻辑展开需要关注的焦点在于:主导主体为中国共产党;关键对象是市场秩序的构建,尤其是国有企业改革。此过程需凸显协商治理的利益平衡功能。

　　作为协商治理的典型展示,当代中国基层社会管理经历了从全能型社会管理、主导型社会管理到社会治理的演变。其中有基于中国实际借鉴与超越西方治理理论及其实践的因素。基层社会治理中存在权责不清、基本公共服务非均等化、价值观扭曲、法治不完善等问题。从压力前行到主动进取、从一元主导到多元协商、从对立冲突到嵌入整合是基层社会治理方略的转变。为了解决问题,适应转变,必须积极探索可行的基层社会治理路径。对当代中国地方治理的考察需要基于协商民主展开。协商民主存在于基层民主自治的基本政治制度之中,以各地方经验得以展示。在体制内积极探索具体路径是当下推进协商民主以实现成功地方治理的基本方式。地方治理的成功需要全面而正确地理解地方政府(执政党),并借由教育与回应使其得以践行。同时,公共精神的理性塑造对于推动地方治理的有序进行是必需的。无论是社会治理,还是地方治理,都通过政治协商、社会协商等为基本的协商民主形式实现。对后发国家而言,治理理论有效适用的过程同时是其走向现代化的过程。现代化导向的阶层变迁与精英功用之间的良性互动是治理理论有效适用的动态展示,这同时是破解阶层固化的过程,是推动社会成功转型的过程,彰显了治理理论有效适用与政治发展密切勾连的关系。当代中国协商治理研究需要透析触动(外力作用)与机理(内在逻辑)两个基本面。党领导下的多元主体是外力作用与内在逻辑运行的基本承载。外在触动(核心要义与底线标准)与中国式的内在机理共同借助于基本承载而支撑起中国协商治理的基础架构。全面从严治党视域下考察与推动协商治理的微观视角是"中国人行动的逻辑",其践行需要主导协商治理主体作用的有效发挥。

　　实现理论与实践的有效互动是协商治理研究的基本追求。中国协商治理理论与实践的有效互动很大程度上是由底层关怀与"中国特色"共同构成的。加强对底层参与协商治理的研究,迫切需要研究基层的基本组成与结构变迁,拓宽广大民众参与协商治理的渠道,以保障广大民众的基本政治权利。加强对协商治理"中国特色"的凝练与传播,首先需要明确"中国人的基本预设"在哪里,其次要基于"中国人的基本预设"阐释中国传统与当代的治理理论与实践。"中国特色"协商治理实践为理论研究提供了丰富的素材。

目　录

Contents

第一章

当代中国治理理论有效适用：基本内涵

第一节　西方治理理论当代中国有效适用的理路

"历史上的统治活动都可以被认为是治理。"[1]治理具有普遍意义，对处于社会转型期的当代中国而言意义尤其显著。当代中国语境下，对治理理论的衍用，一方面，可以推进治理理论中国化，是对治理理论进一步发展的触动；另一方面，可以用先进理论指导与推进公共治理实践。自 1989 年世界银行探讨非洲发展时首次使用"治理危机"以来，治理理论及其实践研究逐渐成为国内外研究的热点[2]。然而，对当代中国治理理论的现有研究在某种程度上有意无意地回避了治理理论中西方衍用语境的差异，具体体现在：其一，有意无意回避当代中国治理理论研究的政治学基础意涵；其二，有意无意回避当代中国治理理论研究的当

---

① 蓝志勇、陈国权：《当代西方公共管理前沿理论述评》，《公共管理学报》2007 年第 3 期，第 1－12＋121 页。

② "治理"最初出现在市政学研究中，后被应用于国家层面，再到国际层面。我国最早介绍"治理"或"治道"的文章可能是发表在《公共论丛·市场逻辑与国家观念》出版于 1995 年的《GOVERNANCE：现代"治道"概念》一文（署名智贤）。徐勇（1997 年）、毛寿龙（1998 年）、俞可平（2000 年）等学者展开了引介治理理论的工作。随后国内学界将治理理论研究用于诸多问题研究领域，如环境治理、社区治理、高校治理、区域治理、危机治理等等。但是，近年来的研究成果充斥着大量的重复研究，并普遍存在着将治理理论的西方逻辑强制套用于中国实践的情况。本书认为，单就研究本身而言，这种情况的出现是有意无意回避治理理论的中西方衍用语境差异的结果，导致缺乏立足中国本位的治理理论研究。参见郁建兴、黄红华：《2006 年中国公共管理研究前沿报告》，《中共宁波市委党校学报》2007 年第 3 期，第 19－32 页；徐勇：《治理转型与竞争——合作主义》，《开放时代》2001 年第 7 期，第 25－33 页。近年"治理理论"代表作主要有：王浦劬、臧雷振编译：《治理理论与实践：经典议题研究新解》，北京：中央编译出版社，2017 年；李泉：《新自由主义研究与批判》，上海：格致出版社，2019 年。等等。

代中国政治现实基础。事实上,理论上的政治学基础意涵与现实中的政治生活是治理理论研究所无法回避的。

学界普遍认为,治理理论有效适用的目的是在各种不同的制度关系中运用权力去引导、控制和规范公民的各种活动,以最大限度地增进公共利益。① 欲使治理理论有效适用,必须关注与促成其中的整合。整合的促成,根本上需要利益共享。利益共享的前提是权力监督。对处于社会转型期的当代中国而言,成功的治理关键在于改革机制与改革共识。当代中国语境下,治理理论有效适用与政治发展密切勾连。成功的治理须从构建信任着手。这必然与治理规则的设定、施行及治理精英的成长紧密相连。

一、公共治理中的整合:必要与可能

治理理论有效适用中,政府(执政党)②应当承担治理责任(governance responsibility)。这种"治理责任"并非指政府单独治理,亦并非指政府消解治理的多元性,而是认清整合之必要,探索整合之可能。

其一,当代中国治理理论有效适用中整合之必要:转型期党领导下的社会的渐次成长。从治理的角度来看,社会是多元行为主体的基本生存空间。政府、私营部门、第三部门、公民等多元行为主体需要在社会中和谐共存。欲使治理理论有效适用,必须对多元行为主体成功整合,迫切需要促进社会的成长与成熟。但是,社会并非一下子成熟起来的,而要有一个成长的过程。现代性孕育着稳定,而现代化过程却滋生着不稳定因素。③ 整合俨然成为必需。而社会的成长与成熟,促成整合需要借助于组织重建与信仰重塑④,进一步加强党的全面领导成为

---

① 俞可平:《引论:治理与善治》,载俞可平主编:《治理与善治》,北京:社会科学文献出版社,2000 年,第 4 - 5 页。

② 中国共产党十九届四中全会提出:"我国国家治理一切工作和活动都依照中国特色社会主义制度展开,我国国家治理体系和治理能力是中国特色社会主义制度及其执行能力的集中体现。"习近平总书记明确指出,中国特色社会主义最本质的特征是中国共产党领导,中国特色社会主义制度的最大优势是中国共产党领导,党是最高政治领导力量。党的领导是党和国家事业发展的"定海神针"。在"制度之治"中充分发挥中国特色社会主义制度和国家治理体系的优势,关键在于坚持党的全面领导。本书在探讨"协商治理"时,对"政府"与"执政党"不做具体区分,因为两者实质上讲的是同一个概念。

③ [美]亨廷顿:《变化社会中的政治秩序》,王冠华等译,北京:生活·读书·新知三联书店,1989 年,第 38 页。

④ 刘晔:《政党国家的兴起:知识分子与近代中国国家建设》,载刘建军、陈超群主编:《执政的逻辑:政党、国家与社会》,上海:上海人民出版社,2005 年,第 65 - 83 页。

必然选择。

其二,当代中国治理理论有效适用中整合之方略:组织重建与信仰重塑。社会转型期,以往社会得以维续的组织逐渐崩塌,需要新的组织以及支撑其存续的信仰根基。因此,处于转型期的当代中国,治理理论有效适用中整合的可能为组织重建与信仰重塑。治理的适用不是对国家或政府作用的消解,而是对其的重新思考与界定。这种"重新思考与界定"是否定之否定的过程,是对国家或政府作用的再认识、再理解。国家或政府作用的发挥必须依托组织完成。整合依靠组织内部改革与组织外部整合来促成。就当代中国而言,核心为中国共产党①。当代中国,作为现代国家建设重要方面的政府体制得以逐步建立,包含着许多专业化的合理部门与管理体系,诸如环保、食检、质检、城建、机场、交通等。②

其三,当代中国治理理论有效适用中整合之关键:政府。通过上文分析可以看出,政府是当代中国治理理论有效适用中整合之关键。随着市场经济社会的快速发展,尤其是网络的兴起,如何确保"意识形态和组织"的整合功能,成为考验政府的一大难题。网络化时代,掌握技术先机的政府借助于这种先机形成的主动权可以更加便捷地引导公民对公共事件的认知与理解,进而可以引导社会成长的方向。此时,政府的态度与立场对社会成长方向的影响是决定性的。理想状态是,法治化的政府通过行政体制的完善,成功整合渐次成长的社会,以获取权威。

二、从权力监督到利益共享的公共治理

根本上,促成当代中国治理理论有效适用中的整合需要利益共享。利益共享是治理理论有效适用的基本指向。权力③监督是利益共享的前提。权力监督

---

① 当代中国,"政府"作为公共权力的化身,应把中国共产党组织包括在内。"共产党组织在当代中国不仅事实上是一种社会公共权力,而且也是政府机构的核心——无论就广义的政府还是狭义的政府而言都是如此。如果把中国共产党组织排除在'政府'之外来分析当代中国的政府过程,……在根本上就是不得要领的,这全然不同于西方国家的情况。"因此,本书所指的"政府"包含有甚至主要是指中国共产党,诚然,这与当下追逐西方学术的公共管理学研究是不同的,多数情况下,中国共产党不在其研究的范围之内。参见胡伟:《政府过程》,杭州:浙江人民出版社,1998年,第16-17页。

② 贺东航:《中国现代国家的构建、成长与目前情势——来自地方的尝试性解答》,《东南学术》2006年第4期,第42-51页。

③ 此处的"权力"指的是"公共权力"。"……从治理的角度看,公共权力体系应包括国家权力和社会自治权两部分。"参见徐勇:《GOVERNANCE:治理的阐释》,《政治学研究》1997年第1期,第63-67页。

是政治发展的主题之一。权力监督与治理体系现代化建设有密切关联①。真正意义上的权力监督逻辑上必然推衍出利益共享。

第一,利益共享之前提:治理理论有效适用中的权力监督。治理理论理念下,对权力的共享大体上分两种情况。其一,基于政府内部的权力监督。典型例证是以整体性政府为主要内容的政府改革运动。如英国布莱尔政府包含回应性服务、提高公共服务质量、重视公共服务价值、改进政策制定以及建立信息时代政府等建议的改革规划。这些改革规划以对政府所运用公共权力的具体范围及形式等做内部划分为手段,以推进政府各个部门之间的整体性运作为指归。其二,基于政府外部的权力监督。比如以政府与社会的合作为主要手段,以推动政府与社会相互依赖利益的实现为指归的网络化治理。治理理论适用的如上形式有着各自的不足之处。由于主要基于政府内部展开,如何强化有效监督,提高整体性治理的效果是一大课题。而政府、私营部门、第三部门、公民如何有效协调运作关系到网络化治理的效果。不过,不管效果如何,它们都是在行政体制基础上对政府与市场、社会关系的调适。

当代中国语境下,对治理理论适用的考察可以从理论层面与实践层面分别展开。按照治理理论,我们认为,公共物品与公共服务的生产和提供可以由不同的行为主体来完成,并不必然局限在一种行为主体。可供选择的行为主体有政府、市场、社会以及它们之间的各种混合形式。治理理论有效适用意味着通过现代国家、市场经济与社会的分工协作,来实现良好而有效的治理。治理是施用权力的过程。多元行为主体充当治理主体。在实践上,当代中国治理理论适用遇到的问题是,国家建设、市场体制的建立和健全、政府与市场功能的不断完善。权力监督的必要性与权力的到位、错位、越位与缺位并存使得当代中国权力配置面临着诸多挑战。

第二,利益共享之意义:治理理论有效适用的基本指向。从应然的角度看,"新公共服务理论认为,公共行政人员必须建立一个集体共享公共利益的观念。目的不是在个人选择的驱动下,迅速找到解决的办法,而是创造一个利益共享、

---

① 李辉:《权力监督与治理体系现代化建设:从"最多跑一次"改革看中国廉能政府建设》,《南京社会科学》2020 年第 2 期,第 10 - 17 页。

责任共担的机制。"①治理理论有效适用是对公共利益的保护,同时也是对个体利益与群体利益的保护。当然,这里所论及的"个体利益与群体利益"符合基本的道德准则与法律准则,不违背公共利益。

"让全体人民共享改革发展成果"是当代中国政府的基本执政理念。治理理论当代中国有效适用的基本指向必须符合这一理念。作为政治学与公共管理学的基本研究取向,治理理论有效适用的基本指向理应凸显其中的政治学与公共管理学研究特征,而政治关系中首要的和基本的是利益关系,因此,本书将治理理论有效适用的基本指向界定为"利益共享"。"利益共享"与"共享改革发展成果"是相通的。逻辑上,利益共享有利于当代中国治理理论有效适用,有利于中国特色社会主义民主政治发展。

需要特别指出的是,治理理论有效适用中的权力监督与现代国家建设相辅相成。多元行为主体治理并不代表着国家权力的削弱,尤其是在应对外部威胁与压力时。恰恰相反,权力监督与利益共享所必然带来的是,整个国家在应对外部威胁与压力时聚合能力的提升与增强。

三、治理理论有效适用的前提:改革机制与改革的共识

相对于市场失败与政府失败而言,治理理论有效适用中同样有"治理失败"。"治理的失败可以理解为是由于有关各方对原定目标是否仍然有效发生争议而又未能重新界定目标所致。"②对处于社会转型期的当代中国而言,治理理论有效适用的前提是改革的机制与改革的共识。

当代中国治理理论有效适用的前提之一是改革的机制。我们可以看到的是,改革开放以来,当代中国展开了多次关于改革的争论。这从一个层面说明了社会的进步。但令人失望的是,即便对某项措施或政策存有巨大争议,"但在这项措施或政策实施之后,人们会发现,无论这些措施或政策的取向是什么,在利益结果上几乎都没有太大的差别,该对谁有利还是对谁有利,该对谁不利还是对谁不利。"③

---

① 顾丽梅:《新公共服务理论及其对我国公共服务改革之启示》,《南京社会科学》2005 年第 1 期,第 38 - 45 页。
② [美]鲍勃·杰索普:《治理的兴起及其失败的风险:以经济发展为例的论述》,载俞可平主编:《治理与善治》,北京:社会科学文献出版社,2000 年,第 72 页。
③ 孙立平:《博弈——断裂社会的利益冲突与和谐》,北京:社会科学文献出版社,2006 年,代序 5。

适用于中国的并非发达国家的"善治",而是经过改良之后的"足够的善治"（good enough governance）。当代中国,治理理论有效适用具有现代国家建设与市场经济体制建立健全,以及应对政府失败与市场失败的多重意涵。其中,现代国家建设的地位尤为重要。然而,现代国家建设有待进一步完成,"足够的善治"远未到来。这些工作的完成首先需要改革共识。

当代中国治理理论有效适用的前提之二是改革的共识。从上文所阐释的内容出发,本书认为,一定程度上,当代中国治理理论有效适用中的失败的直接体现是改革机制的扭曲。这与"足够的善治"是相违背的。"足够的善治"的生成,需要凝练理性改革共识。"当一种改革措施或一项政策出台前后,社会上特别是学术界或政策研究者中往往出现很大的争论,其中的一些争论会带有很强的意识形态色彩,比如改革与保守、左与右等。"①这固然是社会进步的表现。但是,改革过程中出现的"很大的争论"很多不是出于对改革本身存有争议而形成的,其形成的基石是利益。"很大的争论"其实是利益之争。

四、公共治理有效适用与政治发展:勾连与结点

政治发展从狭义上看是指政治体系内部的发展变化,尤其是现代化过程中的政治转型,也就是治理模式的转变。② 政治发展并不必然包含治理理论的有效适用,但治理理论有效适用却是政治发展、改革③的一种。治理理论当代中国的有效适用是治理模式由传统的国家治理模式向合作治理模式的转变,是中国特色政治发展的过程。当代中国治理理论有效适用与政治发展④是密切勾连的,其勾连的结点是现代国家建设。当代中国处于社会转型的关键时期,"改革正在过大关"。⑤ 走往哪里,去往何处,是摆在当代中国面前的紧迫抉择。处于

---

① 孙立平:《博弈——断裂社会的利益冲突与和谐》,北京:社会科学文献出版社,2006 年,代序 5。

② 燕继荣主编:《发展政治学:政治发展研究的概念与理论》,北京:北京大学出版社,2006 年,前言 1。

③ 由于"政治发展"与"政治(体制)改革"有共通之义,这在当代中国体现得尤为明显,因此,为了不偏离主题,本书未对二者作进一步区分。

④ 中国改革开放以来所取中得的成就,从政治有效性建构促进国家成长和社会发展的层面上来说,是有效政治创造有效发展的事实。政治对经济和社会发展的有效作用,是中国国家成长的关键。从主旨出发,本书认为,当代中国,其一,政治发展(或改革)的核心内容是现代国家建设(成长);其二,政治对经济与社会发展的决定作用。因此,本书在论述"现代国家建设与市场经济体制建立健全"时,着重论述了现代国家建设的要义。参见林尚立:《有效政治与大国成长——对中国三十年政治发展的反思》,《公共行政评论》2008 年第 1 期,第 38－66＋198 页。

⑤ 吴敬琏:《改革:我们正在过大关》,北京:生活・读书・新知三联书店,2001 年。

社会转型期的当代中国,急切需要援引各种先进理论指导改革实践,促成整合,实现共享,避免失败。本书并非刻意夸大治理理论的意义,而是试图通过对治理理论的科学援引与有效适用,寻求其与当代中国政治现实相契合之处,希冀借助这一过程推动当代中国政治发展,建设现代国家。

在西方社会,治理理论是针对政府失败与市场失败而得以适用的,其基石是资本主义现代国家建设的完成与资本主义市场经济体制的建立。西方社会中,治理理论所应对的政府失败与市场失败是现代国家建设基本完成且市场经济体制基本建立的情势下的政府失败与市场失败。基于本书主旨,这里需要集中阐释现代国家建设的要义。现代国家建设主要包括政治权力的集中化(表现为决策的强化)、法律规范的普及(同时导致官僚机制的发展)和公民在公共事务中作用的扩大。[①] 从治理理论有效适用的角度来看,现代国家建设涵括四个方面:其一,政府权威的树立。"治理的兴起不应被看作是国家的衰败,而应该是国家适应外部环境变化的一种能力的体现。"[②]其二,行政体制的建立。现代国家中,政府树立权威的基本渠道是提升政府能力。而政府能力的基本承载是行政体制。现代的行政体制可以提高效率,成功应对社会多重需求。其三,社会的成长与成熟。社会是制约公共权力、保障个人权利的重要屏障。其四,法治是贯穿现代国家建设的基本路径。法治可以规约治理理论适用中多元行为主体的行为,使其各司其职,各谋其政。

五、治理效能的提升:信任、治理规则与精英

就公共治理而言,信任是合作的前提。没有信任,就没有真正意义上的合作。"当代治理成功与否,关键取决于包括政府在内的社会网络组织的构建、信任关系的形成与合作方式的建立。"[③]公共治理过程中,多元行为主体有相互的权力依赖关系,即信任关系。这是治理理论有效适用的基础。要实现权力分享与权威转换,必须发挥信任的基础性作用。信任的构建根本上需要依靠治理规则的设定及施行。治理规则的设定及施行需要治理精英的成长。反过来,"就建

---

① ［美］安东尼·奥罗姆:《政治社会学》,张华青、孙嘉明等译,上海:上海人民出版社,1989 年,第 339 - 341 页。

② Pierre J. *Debating Governance*: *Authority*, *Steering and Democract*, Oxford University Press, 2000, p3.

③ 孙柏瑛:《当代地方治理——面向 21 世纪的挑战》,北京:中国人民大学出版社,2004 年,第 26 页。

构的互动性而言,社会治理积极走向多中心,也是推进信任发展的结构性动力。"①

其一,信任构建中的治理规则的制定及施行。治理理论有效适用的过程,是国家权力外放的过程,是权力由国家向社会回归的过程。而在国家消亡远未到来之时,治理理论有效适用体现的是权力监督。当代中国政府在促进社会发展,尤其是经济发展上的突出表现使其得取得了权威。如何保持政府权威,构建政府与民众之间的信任是治理理论有效适用的基本保障。信任的缺失终将损害政府权威,危及执政的有效性。

一定意义上,政府行为及其制度化安排形塑了该国的信任状况。"如果行动者之间的关系没有明晰的游戏规则,就不存在合作关系。"②只有规约政府行为以构建信任关系,才能推进治理理论的有效适用。信任的构建与公共权力的运行,与政府权威、社会权威的获取都密切相关,尤其是与国家权力、政府权威直接相关。必须运用法治与民主规范并约束政府行为使其制度化,促成信任关系的构建,使得公共治理得以公平、公开、公正地进行,保证治理理论有效适用。例如,广东省下围村以法治拓宽与保障民主,仅 2014 年召开村民代表大会 18 次,商议相关议题 38 个,表决通过事项 37 项,否决事项 1 项。经由表决通过的议题无一受到村民恶意阻挠。③ 从下围村的经验出发,广州市指导各村(居)制定、完善村民代表会议制度、社区议事会制度,取得了显著成效。④

其二,信任构建中的治理精英成长。权力分享是治理理论有效适用的基本走向。而最为关键的因素之一是信任关系的构建。如果一个社会连最基本的信任都没有了,犹如一盘散沙,那么,如何将治理的职责赋予社会?这关涉到治理规则的制定及施行以及治理精英的成长等一系列问题。从应然的角度来看,精英应该发挥的作用有:有效实现社会整合,稳固社会共同体的存续;充当国家权力与个体公民之间的缓冲器,协调二者之间的关系。一方面,使得国家权力不会

---

① 孔繁斌:《公共性的再生产——多中心治理的合作机制构建》,南京:江苏人民出版社,2008 年,第 137 页。

② [美]皮埃尔·卡蓝默等:《破碎的民主——试论协同治理的革命》,高凌瀚译,北京:生活·读书·新知三联书店,2005 年,第 170 页。

③ 肖滨、方木欢:《以扩充民主实现乡村"善治"——基于广东省下围村实施村民代表议事制度的研究》,《中共浙江省委党校学报》2016 年第 5 期,第 5 - 10 页。

④ 罗宗毅、李作钦、郭鲁江:《农村基层群众自治模式的优化和发展——基于广州市增城区石滩镇下围村民主议事制度改革创新的分析》,《学习时报》2017 年 9 月 15 日第 04 版。

随意践踏公民的个体权利与利益;另一方面,使公民不会在问题面前聚合以致引起群体性事件。

从权力组成要件出发,可以简约地将权力的所有者分别指称为政治精英、经济精英与知识精英。从西方社会发展历程来看,精英是民主化的基本推动力。在公共治理中,精英是一种重要因素。精英阶层的利益集团化倾向则构成了对治理理论有效适用的巨大威胁。精英阶层的流动性越来越差,对外的封闭越来越明显。精英与民众之间、精英之间为了利益,尤其是经济利益而进行了多种方式的相互利用,基本的信任极度匮乏。因此,要想构建信任,实现治理理论有效适用,一要确保精英的产生与行为符合法治与民主的规则。精英必须受到法治与民主的制约与监督。二要确保精英与民众保持有效衔接与良性互动。各个阶层都有代表自身的精英群体。三要确保精英的流动与更替。要确保不管出身如何,任何人经过努力都有可能成为精英的一分子。

治理有新瓶装旧酒的嫌疑,但其对后发国家政治发展的启迪作用获得一致的认同。成功的治理案例向我们昭示,现代国家建设的重要。这从一个侧面印证了治理理论有效适用与政治发展之间的密切勾连关系。诚然,对政治发展的深入研究属于政治学与公共管理学当仁不让的责任。本书试图强调政治发展议题研究的重要性,突出治理模式转变(治理理论有效适用)中促成整合、实现共享、避免失败的意义及问题之所在,并尝试探索努力的方向。本书不足可能在于,未能就治理理论有效适用中的中国共产党领导的逻辑做专门性的阐释,这是在中国从事公共管理学研究所不能回避的,亦是未来研究的一个方向。

第二节　治理理论有效适用:过程意义、认知塑造与体系构建

多元主体基于公共理性对公共事务的协商治理是治理理论有效适用[①]的基本意涵。多元主体是治理理论有效适用的核心要件。[②] 在治理理论有效适用的过程中,塑造关于治理理论有效适用的科学认知,构建适应中国的公共治理体

---

① 笔者曾经对"公共治理理论有效适用"有系列的阐释。在思考的过程中,越发认识到阐释公共治理理论有效适用"逻辑底线"的必要性。

② 诚然,公共治理理论有效适用绝非多元主体的简单参与,但多元主体而非单一主体的确是公共治理理论有效适用的核心要件。参见申建林、姚晓强:《对治理理论的三种误读》,《湖北社会科学》2015年第2期,第37-42页。

系。底线层面看,治理理论当代中国有效适用是过程意义的。也就是说,在推动治理理论有效适用中寻找真问题,寻求真解决。特别强调的是,本书论述的是治理理论的"有效适用",因为这里的认知应然为科学的,即为科学认知。立足科学认知的塑造,构建治理理论有效适用的制度化与法治化体系是整个社会平稳转型与发展的基本可能。

一、治理理论有效适用:理解与价值

一般意义上,一元主导之下社会转型与发展归根结底寄希望于一元的"为政以德",这是封闭的小农社会状态之下屡试不爽的价值理念,成就了一些后发国家分合循环而专制未变的历史规律。但是,一旦主导社会发展的社会阶级、阶层出现分裂,整个社会极有可能被"抛"到混乱之中。此类情况之下,需要适用先进理论以启发当下,借由该过程触发我们对真问题的科学认识与可能应对,以形成"理论—实践—理论—实践"的良性循环。

对于理论模式的适用性①,可以区分为"分析性适用"与"规范性适用"。前者主要指将该理论作为理性建构的分析性工具,一方面作为研究者提炼经验素材的参照,另一方面亦可以作为比较对象。比较促使研究者做出继续适用、修正或摒弃的抉择。后者带有强烈的行动或政策指向,意为将该理论模式直接应用于社会现实。逻辑理路上,二者是有区别的,而实际上又是交织在一起的。从分析性适用开始,若该理论与经验现实具有一致性,则很可能转为规范性适用。当然,若在适用中存在偏差,转变则会变成以理论套现实。② 这里需要特别澄明的是对理论与经验现实之间"一致性"的理解。笔者以为,此处的"一致性"应该是指两种可能性,其一是理论具有指导经验现实的可能性,其二是经验现实具有推促理论创新的可能性。因此,从分析性适用与规范性适用的区别与联系出发,笔者以为治理理论有效适用可以归结为,从治理理论出发透析当代中国经验现实中公共治理上存在的问题。诚然,在这一过程中亦有经验总结,只不过这不是主要的。另外的层面是将治理理论应用于实践,以寻求解决当代中国公共治理领域存在问题的办法。透过对真问题的检视来寻求研究方法进而谋求问题的解决

---

① 本书将适用性的有效发挥界定为"有效适用",会根据语境使用"适用性"与"有效适用"。
② 吴建平:《理解法团主义——兼论其在中国国家与社会关系研究中的适用性》,《社会学研究》2012 年第 1 期,第 174 - 198+245 - 246 页。

路径是当代中国治理理论有效适用的基本价值,这同样是"理论—实践—理论—实践"良性循环。

二、治理理论有效适用的过程意义

治理理论的有效适用是指政府、企业、社会与公民个人等多元主体的协商参与,是组织化协作网络与制度平台有效运作的过程。在这一过程中,政府融合而不是凌驾于其他行为主体之上,从而形成多元主体之间持续的战略合作伙伴关系。多元主体通过纵向与横向共同构成公共治理网络,针对本区域与本层级的具体情况以及需要应对的具体问题展开既联合又相对独立的行动。治理理论的有效适用基于多元主体对合作的价值认同,以及对行为的协商合作。

第一,当代中国治理理论有效适用的基本意义:分析性适用与规范性适用的双重意涵。上文已经对"分析性适用"与"规范性适用"的意涵做了基本的介绍。笔者试图说明的是,在当代中国适用治理理论,一方面,可以通过比较发现问题与不足。治理理论有效适用的核心要件是成熟的多元主体。可是当代中国并不存在成熟的多元主体,与西方语境下的公共治理理路相比较,不成熟之处体现在哪里? 我们需要在哪些方面做出调整? 这是适用该理论的可能性之一。另一方面,带有强烈的行动或政策指向的规范性适用主张将治理理论模式直接应用于社会现实。应然状态下,理论不断指导并应用于实践,实践不断对理论提出新的要求,推动理论的发展。如 20 世纪 70 年代末肇始于撒切尔政府并席卷西方发达国家且持续至今的"政府再造"(Reengineering Government/Reinventing Government)直面官僚机构的弊病—缺失弹性及回应性、协调性、有效性、透明性等较差,而由传统公共行政理论发展而来的新公共行政理论也在发展至"新公共管理"运动(New Public Management),彰显了理论与实践之间的良性互动,是理论有效适用的典型例证。治理理论同样体现出理论与实践的良性互动。治理理论是对"政府失败"与"市场失败"的应对与拯治,事实上,"政府失败"与"市场失败"同样刺激了社会科学界反思传统观念中的政府与市场、国家与社会二分法,促动了治理理论的发展。

理论从分析性与规范性双重层面适用,促成找到问题并解决问题。但是,有学者认为,治理理论完全不适用于中国。因为当代中国多元主体中最为关键的是中国共产党,这与公共治理理论有效适用的西方样式不同。的确,在当代中国,中国共产党的领导核心作用十分明确。邓小平同志说,"国要有国法,党要有党规党法。党章是最根本的党规党法。没有党规党法,国法就很难保障。"①党的十八届四中全会审议通过的《中共中央关于全面推进依法治国若干重大问题的决定》明确强调了依法治国的重要性。② 但是,过程意义上,如果无视改革开放以来非政府③多元主体力量的成长也是不客观的。借鉴西方的治理理论有助于我们找寻自身的问题。当然,西方是在遭遇"政府失败"与"市场失败"之后创设并适用治理理论的,这与在当代中国适用治理理论的背景不同,因此,我们需要理清治理理论当代中国适用的基本语境,哪怕是大致的。比较是个好的视角。

第二,过程意义发挥的基本语境:中国与西方的比较视角。治理理论当代中国的有效适用是愿景,主要是过程。治理理论有效适用的基本语境是当代中国,作为对从西方援引而来理论的适用必须同时比较考察其衍生语境。诚然,试图在本书中将中西方比较视角下治理理论的有效适用说清楚是一种冒险,也是不可能的。笔者之所以不回避这一视角,是因为治理理论作为从西方引入中国的先进理论形态,往往会使得学者对其有效适用做出多种解读。不适用论者认为当代中国现代国家建设尚未完成,论及治理理论有效适用为时尚早。笔者以为,在强调改革开放的时代环境下不应该拒斥先进理论的适用。与其争论该理论是否能够适用——因为适用已经是不争的事实,尽管或许存在囫囵吞枣,或许还显得非常稚嫩,不如探讨其适用的基本语境,讨论其有效适用的可能空间与结构样式。

中西方适用治理理论的语境是根本不同的。对西方社会而言,资本主义现代国家建设的完成与资本主义市场经济体制的建立是其适用治理理论的基本情势。而对当代中国而言,仍有不少学理性的问题需要进一步辨析、澄清,例如,如何理解与践行治理理论有效适用中的"自由"?这个"自由"与西方语境下的"自由"有何不同?这种不同在公共治理中如何体现?等等诸如此类的问题普遍存在。因此,当代中国公共治理必须依循中国实际,直面与解决中国问题。最低限

---

① 《邓小平文选》第 2 卷,北京:人民出版社,1994 年,第 147 页。
② 《〈中共中央关于全面推进依法治国若干重大问题的决定〉辅导读本》,北京:人民出版社,2014 年,第 1—40 页。这关涉到公共治理理论有效适用的体系构建,下文对此有论述。
③ 费正清等美国学者认为,当代中国是"由政党、政府和军队三部分组成政权,每一部分都自成体系,但由共产党的领导联结在一起。"[美]费正清、赖肖尔:《中国:传统与变革》,陈仲丹等译,南京:江苏人民出版社,1992 年,第 507 页。因此,本书的"政府"应为政党政府。

度上,治理理论有效适用需要对多元主体及其参与公共治理的认知,需要塑造这种科学的认知。体系构建是操练多元主体的现实体验,是对认知的检验。特别强调的是,当代中国语境下的治理理论有效适用体系构建涉及现有利益格局的调整,应以打破既得利益为指向,防止利益固化,推促问题的暴露,倒逼改革的推进。这与西方是不同的。

三、治理理论有效适用的认知：定位与塑造

一般意义上,认知被视作一种心理活动与过程,是人脑对客观事物的特征、关联与功用的心理活动。认知是考察公民对公共治理态度的最基本的切入点。认知管理是指通过管理公众对组织的衡量与看法,使其由不解、怀疑、反对,转变为认同、理解、赞同,最后使公众改变行为方式,做出利于组织的行为。[1] 学界对认知的研究更多集中于公共危机管理,着眼于公共危机到来时发挥其作用。笔者以为,常态化的认知定位与塑造同样需要受到重视。风险社会中,考验公众认知的不仅仅是突如其来的危机,公共治理中存在的问题更是对公众认知的考验,虽然认知在公共危机管理中体现得更明显。当代中国,由于缺乏组织化传统,对认知的研究更加关系到公共治理的未来走向,关系到社会的转型与发展,甚至关系到执政合法性的维系。[2]

第一,治理理论有效适用的认知及其缺失。对概念的厘定是社会科学研究的基础。界定概念有很多种方法。这里根据公共治理适用的基本背景,可以将认知对象做如下阐释。通过对认知对象的分析可以得出对认知的基本定位。

首先,政府及其公共治理。党的十八届三中全会提出:"全面深化改革的总目标是完善和发展中国特色社会主义制度,推进国家治理体系和治理能力现代化。"[3]对政府公共治理能力的要求自然提高很多。治理理论有效适用中,该如何对此认知? 基础性的工作是,治理理论有效适用需要政府、企业、社会与公民

---

① 宋园园:《公共危机管理中认知管理的解构与构建》,《领导科学》2012 年第 20 期,第 14 - 18 页。

② 公众对公共治理的科学认知应有利于公共治理理论的有效适用,有利于社会转型与发展,最终以维系执政合法性。这需要基于现有执政基石的有效塑造。而相反的可能是,公众形成异质性的认知,并借由组织化的网络展现,长远来看,这将成为危及执政合法性的因素。因此,定位与塑造科学认知就成了推进公共治理理论有效适用的最低限度要求之一。参见[美]托尼·塞奇著,李明译:《公民对治理的认知:中国城乡居民满意度调查》,《经济社会体制比较》2011 年第 4 期,第 92 - 101 页。

③ 《〈中共中央关于全面推进依法治国若干重大问题的决定〉辅导读本》,北京:人民出版社,2014 年,第 4 页。

等多元主体的协商认知。治理理论有效适用之核心要件是多元主体。一如上文所阐释,治理理论是否具有适用的可能,这需要认知。如果在这个问题上无法科学认知,就无法论证本论题。尤其需要对多元主体中的一元主导的科学认知。对政府及其公共治理的科学认知是,政府仅仅是多元主体之中的一极,虽然其是主导性的存在,在当代中国尤其如此。只有在此基础之上,我们才可能科学认知政府公共治理能力的基本内容与具体框架。

其次,除政府外的其他多元主体及其公共治理参与度。当代中国,政府主导公共治理是多元主体的基本认知,虽然对于政府及其公共治理的科学认知还有待进一步形成。前一点对此已有论述。而更需要关注的是,治理理论有效适用背景下,对公共治理的参与应该是多元主体的共同事业。对此的认知是否科学关系到多元主体能否发挥有效公共治理的角色作用。体制创设了多种渠道便于多元主体参与公共治理,而网络又提供了自我保护的最低屏障,虽然这需要基本的技术要件(对网络的基本操作与运用),加之高压反腐的正面效应,使得企业、社会与公民等多元主体有了参与的可能与渠道。这为治理理论有效适用提供了可能与基础,而治理理论的有效适用反过来也推动了除政府之外的其他多元主体参与公共治理。

第二,治理理论有效适用中的认知:公共空间中的塑造。公共空间是形成科学认知形成的基本场所。归根结底,多元主体的成长与成熟只能指靠自身。公共理性是治理理论有效适用科学认知塑造的价值底蕴。公共理性与治理理论有效适用价值契合,这从公共理性基本意涵中可以看出:公共理性是指各种政治行为主体,如政府、企业、社会与公民等以公正的理念,自由而平等的身份,在持久存在的政治社会这一合作体系中,对公共事务充分合作,以产生公共的、可以预期的共治效果的能力。[①] 公共理性通过科学认知得以外显,科学认知是公共理性的表现形式。科学认知的塑造需要开放空间。公共空间是塑造科学认知的基本背景,其中发生的公共事件是锤炼科学认知的基本介质。例如,江苏省无锡市滨湖区探索建立的"以居民为中心,自我管理,自我服务,自我建设,主动参与"的"开放空间"社区自治管理模式[②]就是对多元主体科学认知的有效塑造。在该模

---

① [美]罗尔斯:《公共理性观念再探》,载哈佛燕京学社、三联书店主编:《公共理性与现代学术》,北京:生活·读书·新知三联书店,2000年,第1—46页。

② 《无锡滨湖"开放空间"推进"政社互动"试点》,http://jsnews.jschina.com.cn/system/2015/04/01/024201529.shtml,2015年4月5日。

式建立之初，科学认知未必能够有效塑造。而社区自治的过程是包括政府、各社区及居民在内的各多元主体科学认知得到成功培养的过程。

四、治理理论有效适用的体系构建：以利益为基点的分析

当代中国治理理论有效适用依托于现有的制度基础。这是体系构建的平台与基石。现有的制度基础是框定利益格局的基本手段，利益是政治人行为的基本旨趣。故此，治理理论有效适用的体系构建需要调整现有利益格局，应以打破既得利益为指向，防止利益固化，推促问题的暴露，倒逼改革的推进。① 基于中国语境，从最低限度来说，治理理论有效适用的体系首要的是反腐与监督体系。透过这一过程，操练多元主体，塑造科学认知，锻炼理性的治理行为。

第一，操练多元主体——构建治理理论有效适用中的反腐与监督体系。需要特别指出的是，中国人当下所需的绝非西方式民主。中国人立足国情探索出诸如人民代表大会制度、共产党领导的多党合作与政治协商制度②、民族区域自治制度、基层民主制度等符合自身特色的民主制度形式，以及民主恳谈会、预算监督等多样的民主形式。当前，普通中国民众对于公共治理的关心更多集中在如何杜绝严重的腐败与领导能否为人民服务。相关学者的研究表明，在"建设民主需要改进哪些方面"中，最需要重视的是"腐败严重"与"领导不能全心全意为人民服务"，而其中"定期的竞争性选举"得到民众的认可最低。③ 这里试图说明的是，对于当代中国而言更为适合而实际的是反腐与监督。

就本书的研究主题而言，治理理论有效适用的过程应该是构建有效反腐与监督体系的过程。通过反腐与监督体系的构建，政府、企业、社会与公民等多元

---

① 治理理论当代中国的适用必然会遭遇当代中国社会转型与发展的大环境。虽然由于主题所限，本书尽量不过多对此作出阐释，但不做必要的分析也是不可能的。本书的逻辑理路是，公共治理理论有效适用的理解（交织在一起的"分析性适用"与"规范性适用"）与（过程）意义，对治理理论有效适用（最低限度上是对其核心要件"多元主体"）的认知定位与塑造，以利益为基点（利益分析必然要与中国社会转型与发展大环境相勾连），基于中国语境，制度化与法治化的反腐与监督体系构建应该是治理理论有效适用的逻辑底线之一。

② 在庆祝中国人民政治协商会议成立 65 周年大会上，习近平指出，中国的协商民主"源自中华民族长期形成的天下为公、兼容并蓄、求同存异等优秀政治文化，源自近代以后中国政治发展的现实进程，源自中国共产党领导人民进行革命、建设、改革的长期实践，源自中华人民共和国成立后各党派、各团体、各民族、各阶层、各界人士在政治制度上共同实现的伟大创造，源自改革开放以来中国在政治体制上的不断创新。"可见，当代中国的协商治理与西方的协商民主不是一回事。参见习近平：《在庆祝中国人民政治协商会议成立 65 周年大会上的讲话》，北京：人民出版社，2014 年，第 19 页。

③ 张明澍：《中国人想要什么样民主》，北京：社会科学文献出版社，2013 年，第 91 页。

主体的科学认知逐渐得以塑造,理性的治理行为逐步得以锻炼。治理理论有效适用中反腐与监督体系的构建就是操练多元主体的过程。这必然会触及既得利益,需要调整现有利益格局。制度化与法治化是必然之选择。

第二,制度化与法治化——体系构建的必然选择。当代中国治理理论的有效适用是制度化与法治化的过程。中国是个复杂的统一体(continuum)。既非常传统,又相当现代。因此,推进治理理论的有效适用需要确立普遍意义的制度化与法治化的体系。多元主体中的任何一个群体及其中的成员都不能游离于制度化与法治化的体系之外。同时,必须保障所有社会群体及其成员特别是弱势群体及其成员的基本权利。

制度化与法治化同样是保持社会平稳转型与发展的基本诉求。高压反腐固然可以起到平衡多元主体及其利益的作用,但随着民众权利意识的增强,只有制度化与法治化才是长久之计。使反腐与监督不成为一种即时性行为,使得多元主体在反腐与监督中基本权利得到尊重与保障,是治理理论有效适用的应有之义。当代中国,通过反腐与监督的过程,打破既得利益、调整利益格局,操练多元主体的可行之策就是构建制度化与法治化公共治理体系。

五、研究之必要与空间

当代中国,公共治理领域存在着错综复杂的问题。研究这些问题首先需要构建基于当代中国公共治理的话语体系,即便是借鉴西方的治理理论,对其本土化的厘定也非常重要。在把握治理理论的核心要义之后,更重要的是如何促成其本土化转变,既包括理论上也包括实践应用上的本土化。但是,事实上,热衷于将西方的概念、模型和原理套用到中国的现实,不理解西方理论与中国现实的差异,非常时髦地研究可能从未接触过的议题,这种现象在公共管理学界普遍存在。人人皆可涉猎乡镇社会管理、城市社区治理等议题,即便缺乏一定的生活体验,亦无实证调研,只要能用一些时髦的话语体系,衍用一些新鲜的辞藻,就可以用将"学术屠龙术"玩得如火如荼。对于这一现象,有学者一针见血地指出,"……如果我们把中国经济运行就当作经济学书本中所讲的概念、模型和原理来研究,也就显得天真了一点"①。因此,"……我们不必一定要用定量的方法来验

---

① 翟学伟:《人情、面子与权力的再生产》第二版,北京:北京大学出版社,2013 年,第 47 页。

证某种理论的正确与否，或操弄若干个变量，以求得彼此之间的相关性为目的，而是根据所研究问题的不同来寻求一种具有针对性的研究方法"①。透过对真问题的检视来寻求研究方法并最终谋求问题的解决路径是当代中国人文社会科学研究的应然理路。诚然，西方的许多学术理论不是基于中国的真问题而展开的，更遑论解决问题了，这就为从学理上研究治理理论当代中国有效适用提供了必要。

本书的研究试图在学术规范上做出一些检讨。当然，本着"批判先于建构"的理念，笔者更多的是提出问题，努力触及问题的本质，至于如何解决问题，需要进一步拓宽研究空间。而研究空间的获取必须从当代中国公共治理实践出发，在不偏离治理理论基本精神和理念的基础上推进其本土化，进而促成其有效适用。② 可能的选择是，截取诸如核心价值、逻辑底线等多个剖面以形成对治理理论当代中国有效适用的多元解读，进而加深对国家治理现代化当代中国意涵、困境及其应对的理解与认识，从而形成"理论—实践—理论—实践"的良性循环。

---

① 翟学伟：《人情、面子与权力的再生产》第二版，北京：北京大学出版社，2013 年，第 111 页。
② 申建林、姚晓强：《对治理理论的三种误读》，《湖北社会科学》2015 年第 2 期，第 37 - 42 页。

第二章

当代中国治理理论有效适用：过程的维度

第一节　方向、工具与认知

论证与应对的是真问题，使用的是符合逻辑的透析理路是公共治理研究的应然内容。追索治理理论有效适用的基本方向、工具选择与责任认知的过程是探寻本土化先进理论可行路径的过程。

一、治理理论有效适用的基本方向：改革视域的考量

"治理"（governance）核心意涵是"多元主体与多中心的共同管理"。中西方适用治理理论的语境是根本不同的。西方的治理理论适用更多是为了应对政府失败、市场失败，寻求多元主体之间的有效互动。中国则是为了在寻求多元主体之间有效的过程中，倒逼政府、市场与社会自身的问题以谋求准确定位。当代中国对治理理论的适用，既包含着如上意涵，更有通过对该理论的适用倒逼问题以建设现代国家（state building）与保障公民基本权利的内容。比如，浙江省"'最多跑一次'改革的本质是以方便民众办事来倒逼政府减权、放权、限权。""浙江省自'最多跑一次'改革提出之日起，就不只是围绕行政效率做文章，而是明确把撬动重点领域和关键环节的改革作为题中之义，致力于通过政府自身改革推进全面改革，撬动经济体制、社会体制和权力运行机制改革，不断提高改革的系统性、整体性、协同性，使改革贯穿到政府各环节，渗透到经济体制改革各领域，延伸到

社会治理各方面,增创浙江经济社会等领域的体制机制新优势。"①因此,简言之,治理理论有效适用的基本方向是实现建设现代国家与保障公民基本权利的共同有序推进。

第一,治理理论适用的基本背景:核心问题与价值导向。诚然,中国的改革(包含政治体制改革)取得了重大进展。但是,不容忽视的是,其一,权力的监督这一核心问题有待进一步制度化与法治化。权力使用者向"所有者"的移位乃至换位在一定范围内仍然存在。中国的历史传统、当前中国所处的特定发展阶段及在此阶段社会与制度的成熟程度等因素,决定政府在相当长时间里将是治理理论有效适用的主导性治理主体,是多中心的"中心"。其二,正向价值观的塑造任重道远。公共治理蕴含价值成分,受价值观的指引。什么样的公共治理反映什么样的价值观,有什么样的价值观就有什么样的公共治理。资本主义国家的公共治理反映的是资本主义的价值观,社会主义价值观着指导社会主义国家的公共治理。党的十八大报告明确提出了社会主义核心价值观,强调要"倡导富强、民主、文明、和谐,倡导自由、平等、公正、法治,倡导爱国、敬业、诚信、友善"。但是,在公共治理中,与正向价值观相违背的言论与行为并不鲜见。政府在公共治理中的言论与行为不仅仅关涉到公共治理本身,更加首先是对社会主义核心价值观的践行。不能将价值观领域的混乱简单地归结于所谓多元冲击,并因此展开一味的口诛笔伐。

第二,治理理论有效适用的基本方向:建设现代国家与保障公民基本权利的共同有序推进。这里需要强调的是,在适用西方先进理论中固然要克服唯西方的治理思维方式,但是也绝不能矫枉过正,更不能将其作为拒斥公共治理适用的理由和借口。对于治理理论的有效适用,上文已经论及,其至少可以在倒逼政府、市场与社会自身的问题以谋求准确定位上发挥作用。其一,现代国家建设的中国体验:保障公民基本权利的过程。改革开放以来,学界对现代国家建设展开了富有成效的研究,取得了丰硕的成果。② 基于现有成果,笔者比较赞同,政府主导改革与转型的特质在中国未曾改变,尽管改革开放以来政府向社会释放了权力。当前政府主导表现为政府相对于社会经济生活所担负的创新、指引、推

---

① 郁建兴等:《"最多跑一次"改革:浙江经验,中国方案》,北京:中国人民大学出版社,2019年,第111-112+118页。

② 叶娟丽、黄华莉:《改革开放以来中国国家构建研究:回顾与反思》,《武汉大学学报(哲学社会科学版)》2014年第4期,第86-95页。

动、平衡、保护的重大责任。①　基本政治秩序稳固的情况下，建设现代国家主要有两个路径：顶层设计与外部压力，分别从纵横两个角度促成现代国家建设。从这一角度来看，后发国家再为严苛的高压反腐都不为过，同时，高压反腐的顶层设计要保障公民基本权利以引导外部压力的成长与成熟，进而推进现代国家建设。应然层面，现代国家建设与公民基本权利保障是统一的。现代国家建设包含着公民基本权利保障的内容。每个公民基本权利得以保障反过来可以推进现代国家建设。本书想强调的是，通过高压反腐形成对保障公民基本权利的警示效应使得政府在公共治理中趋向公共利益是切实可行的权利保障之路，虽然这一过程中会有反复。其二，建设现代国家与保障公民基本权利的共同有序推进：走向良性公共治理。西方发达国家，治理理论及其实践在现代国家得以建设与公民基本权利得以保障的基础之上生动呈现。理论与实践相得益彰。而当代中国语境下公共治理则在要应对现代化任务的同时治疗现代化弊病。各行为主体自身功能还不健全，还要应对功能过度发挥引起的失败。

二、治理理论有效适用中的工具选择：必要性与现实性

与新公共管理运动主要关注政府内部管理不同，治理理论更注重多元主体及其互动。那么主体及其互动体现在哪里？公共治理根本上是个实践性的议题，至少可以启发实践，这是公共治理研究的基本存在依托。但是，现有公共治理研究弥漫着超越实际自说自话的气息。方法论上对公共治理研究的检讨可以使我们进一步认识到工具选择研究的必要性。

第一，工具选择研究的必要性：基于对公共治理研究的批判。本着"批判先于建构"的原则，这里试图归纳出公共治理研究中存在的如下突出问题：首先，不问思想，不问世事。明明遇到的是资本主义化的问题，偏偏解读成前资本主义或后现代主义的问题。明明是如何实现现代化的问题，非要去阐释如何应对现代化的危机（应对现代化的危机固然重要，但是不符合逻辑）。其次，"过度"思想，不知所云。这种研究取向往往是建立在熟悉治理本土化语言的基础之上的，囫囵吞枣式地将西方的治理话语体系引入中国以自娱自乐，钻入某些词藻中玩弄语言。用"独创"性的宏大话语解读实质显而易见的现象与问题，到头来，现象与

---

① 复旦"国务智库"战略报告编写组：《复旦国家治理战略报告·常态化治理与全面深化改革》，2015年1月。

问题没有解决，却带来了一大堆新的问题。实践视角下，一定意义上，治理理论的有效适用最终要体现在工具的选择与运用上。因此，工具选择研究应该成为公共治理研究的重要组成部分。通过在理论上探索适合中国实际的工具以推进公共治理的实践前行。

所谓政府工具，是指"政府的行为方式，以及通过某种途径用以调节政府行为的机制。"①一般认为，至少有如下因素影响工具选择：政策目标（或政府目标）、工具的特性、工具应用的背景、以前的工具选择和意识形态。必须结合具体的案例分析如何进行工具选择。②工具选择走向决定了公共治理中各主体的组成及其定位。可以看出，通过工具选择研究，我们可以窥视政府公共治理的目标（服务于特定利益群体还是公共利益），可以通过研究工具的特征分析多元主体在公共治理中的角色定位以及达至治理理论有效适用缺失的元素。通过对工具应用背景、既往工具选择以及意识形态因素的考察，可以透析公共治理的实然走向。学界一般依托政府介入的程度划分治理工具，如可以分为：政府部门直接提供财货和服务、政府部门委托其他部门提供、签约外包、补助或补贴、抵用券、经营特许权、政府贩售特定服务、自我协助、志愿服务和市场运作。③

第二，工具选择：现实与走向。有效的公共治理需要从纵向和横向两个角度解读。从纵向来看，改革开放以来中国通过允许地方竞争实现地方与中央之间、地方之间的适度平衡。这是多元主体共同治理的基本体现。从横向来看，中国式治理实践路径主要有：国有中小企业与集体所有制经济领域的民营化实践，以自来水、供气、公共交通、污水处理为代表的公用事业领域的民营化实践，以中小学教育、医院为代表的公共服务领域的民营化实践。④

网络化是治理理论有效适用的基本形式。通过选择准确的治理工具，借由网络化促进多元主体之间的有效互动以实现治理目标，是公共治理的基本阐释。当代中国，在"民营化"方式是地方治理的基本创新实践路径的情势下，治理理论有效适用的工具选择，首先需要突破行业壁垒，推进市场化进程。只有塑造平等

---

① ［澳］欧文·E.休斯：《公共管理导论》，张成福、王学栋等译，北京：中国人民大学出版社，2001年，第99页。

② 陈振明：《政府工具研究与政府管理方式改进》，《中国行政管理》2004年第6期，第43－48页。

③ 张成福、党秀云：《公共管理学》，北京：中国人民大学出版社，2001年，第62页。

④ 唐亚林：《国家治理在中国的登场及其方法论价值》，《复旦学报（社会科学版）》2014年第2期，第128－137页。

的市场竞争环境,才有真正意义上的多元主体治理。通过引入市场机制推动多元化与生产的有效率,"通过安排政府向私营供货商购买产品或服务来实现,或者通过用许可证、执照、特许权、租赁或特许合同方式,将资产使用或融资权或者服务提供权移交给私营企业,尽管从法律上说所有权还保留在公众手中。"①必须指出的是,就打破行业壁垒而言,当前切实可行的就是通过顶层设计,从维护执政合法性、共产党的宗旨出发,探索符合中国实际的具体路径。其次,推动地方治理经验的生成,发挥其正向宣传教育功能。地方治理固然可以运用上文提及的治理工具,但是,更多的还是基于本地实际的凝练。比如,浙江慈溪市"和谐促进会"对基层组织与社会组织协商治理的推动、绍兴市的"中心镇权力规制"、上海浦东新区公益服务园创立中多元主体的培育等。

三、治理理论有效适用中的责任认知

中共十八届三中全会之前的"治理"更多的还是"统治""管理"与"服务"的意蕴。多元与多样的因素与成分是在此后才凸显出来。"社会治安综合治理"中的"治理"更多的是政府借助于社会实现治理。多元主体之下的公共治理应该是各个行为主体共同承担责任的治理。由模糊性引起的责任不清是治理理论适用中需要规避的,这同样是中国公共治理中可以避免的。

第一,责任的基本内涵:公平正义的维度。汉语中的"责任"有三层含义:其一,使人担当起某种职务和职责;其二,份内应做之事;其三,做不好份内应做的事,因而应承担的过失。② 价值层面的治理理论有效适用既包含愿景描绘,亦有现实指导。人类社会的行为皆受到一定价值原则的支配。一个社会制度首要的价值是正义。"在制度是正义或基本正义的情况下,或者说在制度得到普遍认可的情况下,积极意义的政治责任是否得到实现,应以政治责任主体的政策和行为是否符合制度所体现出来的价值倾向为标准来判断,并以此作为其是否应该承担消极意义的政治责任的标准;如果制度存在较大缺陷有失正义的情况下,或者

① [德]魏伯乐等主编,《私有化的局限》,周缨、王小卫译,上海:上海三联书店、上海人民出版社,2006年,第5页。

② 《汉语大词典》,北京:汉语大词典出版社,1992年,第91页。同时,可以从多个角度研究"责任",如积极责任与消极责任、私人责任与公共责任、组织责任与个人责任等,本书试图把握的是公平正义视角下责任的基本内涵及其在当代中国的具体体现。参见麻宝斌等:《十大基本政治观念》,北京:社会科学文献出版社,2011年,第116-137页。

说制度本身的合法性受到怀疑，则以政治责任主体能否进行制度创新，使制度倾向正义为标准来判断。"①彰显正义或推进正义是政府的责任。

后发国家社会改革与转型期的执政党作为最为重要的公共治理主体，需要基于公平正义形成如下关于责任的科学认知：其一，晓事理。对公共治理及其发展的不可逆性应该有基本的认知，这是执政党的基本责任之一。其二，明感恩。"追求幸福，是人民的权利；造福人民，是党和政府的责任。我们必须破除人民幸福是党和政府恩赐的错误认识。"②其三，知廉耻。"老人欲领异地社保，被要求证明自己还活着"③，此类现象的出现，应为主导后发国家公共治理最重要主体的耻辱。对此的认知应该是另一基本责任。"全面深化改革必须着眼创造更加公平正义的社会环境，不断克服各种有违公平正义的现象，使改革发展成果更多更公平惠及全体人民。如果不能给老百姓带来实实在在的利益，如果不能创造更加公平的社会环境，甚至导致更多不公平，改革就失去意义，也不可能持续。"④将全面深化改革的出发点和落脚点确定为增进人民福祉、促进公平正义是中国共产党执政理念的基本体现，是与中共十八届三中全会上确立的"发展和完善中国特色社会主义制度，推进国家治理体系和治理能力现代化"的总目标相契合的。诚然，将公平正义落到实处需要对政府的责任有基于中国逻辑的更进一步科学认知。

第二，责任的具体内容：中国的逻辑。政府在当代中国公共治理中承担着重要的责任。因此，科学认知责任，必须立足中国实际，以界定政府责任为主要内容。而对政府责任的认知并非仅仅高呼几声口号就可以的。需要追问的是，在适用治理理论的过程中，当代中国的责任可以做怎样的分解？或者说，哪些责任是当前最需要关注和应对的？本书认为，当下对责任具体内容的理解，首先需要制度化与法治化。如何塑造责任意识使得政治权力得以有效更替与交接，事关公共治理能否正常推进，同时亦是公共治理的基本内容。中国顶层设计在推动公共治理中发挥的是决定性作用，但仅仅依靠顶层设计无法实现超大社会的有

---

① 张贤明：《论政治责任——民主理论的一个视角》，长春：吉林大学出版社，2000年，第75页。
② 《汪洋：须破除人民幸福是党和政府恩赐错误认识》，http://china.caixin.com/2012 - 05 - 10/100388738.html，2015年5月5日。
③ 《老人欲领异地社保 被要求证明自己还活着》，http://news.xinhuanet.com/politics/2015 - 05/10/c_127783000.htm，2015年5月5日。
④ 《习近平：切实把思想统一到党的十八届三中全会精神上来》，http://cpc.people.com.cn/n/2014/0101/c64094 - 23995311.html，2015年5月5日。

效治理。多元主体之间非对立的有效互动非常必要。正如上文所指,外部压力是其他主体承担自身责任的基本动因。其次,在一个具有强烈权威崇拜的国家,民众对越高阶位的权力越信任,就会对越基层的官员越不信任。因此,构建基层官员与民众之间信任,破解"塔西佗陷阱",是责任的基本内涵。再次,市场层面,创造公平的市场竞争环境,在公共治理中主动引入市场化工具。市场经济发展过程中,公平市场竞争环境的创造与市场化工具的引入是锻炼多元主体成长与成熟的基本渠道。改革开放以来的实践已经充分证明了这一点。最后,在社会层面,所谓责任,其一是保障底层民众的生存权,拓展其发展权。民众隐忍的性格是超稳定社会结构得以形成的重要原因之一。但这不应该成为掌握公共权力的群体漠视民众生存权与发展权的理由。其二是在公共治理的过程中引导其他行为主体对自身责任的认知与践行。前文对此已有阐释,而这里是做了归纳与突出。是仅仅使整个国家维续表面上的稳定,还是通过多元主体的和谐互动成就有效的公共治理,是对是否为治理理论有效适用中科学认知的基本考验。

理论与实践的和谐互动是推动两者良性前行的必然之义。不过,当代中国治理理论研究对治理实践的推动作用尚不理想,仍需继续努力。

第二节　权力、权威与信任

治理理论研究方兴未艾。治理理论研究权威格里·斯托克归纳总结了关于治理的五种主要观点,分别为:①治理意味着一系列来自政府但又不限于政府的社会公共机构和行为者。治理挑战了传统的国家和政府权威。②治理过程中界限和责任方面具有模糊性。③治理明确了各个社会公共机构在涉及集体行为时存在权力依赖。④公共治理意味着多元行为主体最终将形成自主网络。⑤治理并不仅限于政府的权力,不限于政府运用权威。[①] 可见,治理理论有效适用的过程,是对公共权力分享的过程,是权威由单一的政府权威向政府权威与社会权威并进转换的过程。公共治理过程中,多元行为主体有相互的权力依赖关系,即信任关系。这是治理理论有效适用的基础。要实现权力分享与权威转换,必须发挥信任的基础性作用。对治理理论有效适用的权力、权威与信任的研究对当代

---

① 俞可平:《引论:治理和善治》,载俞可平主编:《治理与善治》,北京:社会科学文献出版社,2000 年,第 3 - 4 页。

中国意义重大。同时,逻辑上,政治学研究应该遵循"语境—议程—方法"的步骤,也就是说研究方法取决于研究议程,研究议程取决于一个国家的政治语境。① 基于当代中国实际的政治学视角研究,关系到治理理论有效适用的切实推进,同时也是对公共治理研究的检讨与反思。

一、治理理论有效适用中的权力:国家权力与社会自治权的视角

权力是一种有目的的支配他人的力量,是由暴力、财富和知识构成的。② 治理理论有效适用的核心在于多中心,也就是多个权力中心。诚然,这里的"权力"特指"公共权力"。公共治理视域下,公共权力体系包含国家权力(国家权力与政府权力、国家与政府不能完全等同,为了防止偏离主题,这里不做进一步区分)与社会自治权。

其一,国家权力:公共权力的一般内涵。本质上,公共治理是人类的政治活动。公共权力是公共治理最为核心的要素。一直以来,人们对公共权力的认识多集中在国家权力上。这主要是因为国家是以公共权力的存在为前提的。恩格斯指出,"国家是以一种与全体固定成员相脱离的特殊的公共权力为前提的。"③未来共产主义社会将把国家政权重新收回。社会主义则充当了国家权力消亡的过渡。在这一时期,对国家权力要充分运用。"为了达到未来社会革命的这一目的以及其他更重要得多的目的,工人阶级首先应当掌握有组织的国家政权并依靠这个政权镇压资本家阶级的反抗和按新的方式组织社会。"④

但由于"这个组织的主要目的从来就是依靠武装力量保证享有特权的少数人对劳动者多数的经济压迫。随着这个享有特权的少数的消失,用来进行压迫的武装力量、国家政权的必要性也就消失。"⑤如何把握利用与消灭之间的张力,是需要长期的实践与摸索的。

其二,社会自治权:公共权力的基本内涵。公共权力是公共治理的核心概念之一。公共权力最根本的特征是其公共性。公共权力来自社会。从统治的角度出发,当前语境下,公共权力的一般内涵是国家权力。但是,公共权力的意涵绝

---

① 杨光斌:《中国政治学的研究议程与研究方法问题》,《教学与研究》2008 年第 7 期,第 28 - 32 页。
② [美]托夫勒:《权力的转移》,刘红等译,北京:中央党校出版社,1991 年,第 11 页。
③ 《马克思恩格斯选集》第 4 卷,北京:人民出版社,1995 年,第 94 页。
④ 《马克思恩格斯全集》第 19 卷,北京:人民出版社,1963 年,第 385 页。
⑤ 《马克思恩格斯全集》第 19 卷,北京:人民出版社,1963 年,第 385 页。

不仅限于此。例如,在原始社会,基于原始公有制形成了普遍的公共利益。而以这种共同体的公共利益为基础形成了原始社会的公共权力,是与大众相结合的权力。国家产生之后,国家权力控制了社会自治权。但即便是在控制极为严格的情况下,社会自治权也并没有完全消失。随着治理理论的适用,社会自治权施行的空间与范围也越来越大。因此,"……从治理的角度看,公共权力体系应包括国家权力和社会自治权两部分。"①必须依靠社会自治权逐步的有效发挥,才能从根本上牵制、规约国家权力,才能推进治理理论的有效适用。

社会自治权是公共权力的基本内涵。理论上,这一点在社会主义国家体现得更加明显。社会主义国家是"半国家"形态,是处于从国家向国家消亡的过渡。社会主义国家中,国家权力本身更应该逐渐实现向社会的重新回归。相应地,社会自治权应该更加得以有效发挥。比如,当代中国公共治理中出现的社区治理即是社会自治权发挥作用的典型表现。②特别是在业委会蜕变得借由公共权力谋求私利时,业主们认识到,只有实现了由具体的利益诉求向社会自治权诉求的转变,真正掌握了公共权力,才能在公共治理中有发言权,才能真正推进治理理论的有效适用。

二、治理理论有效适用中的权威:中性政府与公共理性的视角

普遍认为,权威是权力的合法化运用,是自觉自愿的服从。治理与统治最本质的区别是主体的性质。统治的权威来自政府,而治理的权威不一定是政府。统治的权威是一元的,而治理的权威是多元的。诚然,治理与统治同样需要权威。当代中国,治理理论有效适用需要政府权威与社会权威。

其一,政府权威:中性政府的视角。在政府层面上,权威是与合法性密切勾连的概念。"合法性就是人们对享有权威的人的地位的承认和对其命令的服从。"③改革开放以来,当代中国包括公共治理在内的社会各个领域所取得的成绩与政府是分不开的。当代中国政府借助于在社会生活方方面面所取得的巨大成绩,尤其是经济成绩而获得合法性,取得权威。这种政府权威的取得与中国政

---

① 徐勇:《GOVERNANCE:治理的阐释》,《政治学研究》1997 年第 1 期,第 63 - 67 页。
② 业主、业主委员会、物业管理公司之间围绕公共治理展开的博弈已经屡见不鲜。这一过程体现了社会自治权逐渐发挥的历程。典型案例可参见孟伟:《公民政治:从利益到权力的演化——深圳市宝安区滢水山庄业主自行行动实证分析》,《马克思主义与现实》2004 年第 1 期,第 64 - 70 页。
③ 于海:《西方社会思想史》,上海:复旦大学出版社,1993 年,第 333 页。

府能保持中性地位直接相关。所谓中性政府是指"一个不偏向任何一个社会集团，也不被任何社会集团所左右的政府"。中性政府具有很强的自主性，不代表任何特定的社会集团，不为任何社会集团所左右；中性政府更关注整体利益而不是局部利益；中性政府更关注长期利益而不是短期利益。[①]

社会转型的首要任务是建设现代国家。对于当代中国而言，现代国家建设与治理理论有效适用糅合在一起。现代国家建设需要政府具有权威，以迅速聚集现代化发展所需要的各种资源。同时，理性化与民主化亦成为现代国家的基本特征。理性化的最主要的要求就是国家权力的独立性与自主性。民主化则凸显的是国家权力的归属性。[②] 当代中国，理性化、民主化与治理理论有效适用是协商并进的任务。"多中心政治体制能够存在的可能性并不妨碍单中心政治体制能够存在的可能性。每一个可能性都取决于概括每个体制的重要的定义性特质，并说明这些定义性。而主要是单中心的政治体制也不一定妨碍这一可能性，即在这样的组织体制中可能存在着一些多中心的因素。"[③]单中心的政治体制下，要实现多元行为主体的公共治理，政府必须始终保持中性才能保证权威。除了要履行基本职能之外，国家还要引导社会权威的成长与成熟。

其二，社会权威：公共理性的视角。有组织就有权威。权威是存在于人类社会历史全过程的一种普遍现象，是与自觉自愿的服从、组织、强制等相联系的能力。社会权威是指社会组织在公共治理中使得他人自觉自愿服从的能力。社会生活中，权威具有政治性与社会性双重特征。社会自治并不否认社会权威的存在。未来社会是政治权威逐渐走向消亡，社会权威逐渐占据主导的社会。

理性是人们的认知能力。人们可以利用理性去无限地认知广大的世界，但同时，理性又是有限的。正如康德所说："人类理性在其知识的某个门类里有一种特殊的命运，就是：它为一些它无法摆脱的问题所困扰；因为这些问题是由理性自身的本性向自己提出来的，但它又不能回答它们；因为这些问题超越了人类理性的一切能力。"[④]与公共治理相对应的公共理性是指多元的政治主体以公正的理念，自由而平等的身份，对公共事务进行充分合作，以产生公共的、可以预期

---

① 姚洋：《中国道路的世界意义》，北京：北京大学出版社，2011年，第11页。
② ［德］韦伯：《经济与社会》下卷，林荣远译，北京：商务印书馆，1998年，第724－725页。
③ ［美］迈克尔·麦金尼斯主编：《多中心体制与地方公共经济》，毛寿龙译，上海：上海三联书店，1999年，第72页。
④ ［德］康德：《纯粹理性批判》，邓晓芒译，北京：人民出版社，2004年，第一版序，第1页。

的共治效果的能力。① 公共理性是多元的行为主体(如政府、私营部门、第三部门、公民等)在公共治理中所具有的能力。一如上文所指,公共理性亦是无限与有限的统一。在当代中国,数次政治运动对原本理性不足的社会权威构成了冲击与损坏。这种情势下,要想推动社会权威的成长与成熟需要公共治理多元行为主体之间的相互扶持,尤其是需要国家的引导与扶助。这里公共理性的要求是政府、政治家在责任与担当上的体现。

三、治理理论有效适用中的信任:规则设定及其施行与精英成长的视角

人们承认权威的存在,服从权威,从而建立起信任关系。就公共治理而言,信任是合作的前提。没有信任,就没有真正意义上的合作。"当代治理成功与否,关键取决于包括政府在内的社会网络组织的构建、信任关系的形成与合作方式的建立。"②公共治理过程中,多元行为主体有相互的权力依赖关系,即信任关系。这是治理理论有效适用的基础。要实现权力分享与权威转换,必须发挥信任的基础性作用。信任的构建根本上需要依靠治理规则的设定及施行。而治理规则的设定及施行需要治理精英的成长。反过来,"就建构的互动性而言,社会治理积极走向多中心,也是推进信任发展的结构性动力。"③

其一,信任构建中的治理规则制定及其施行。治理理论有效适用的过程,是国家权力外放的过程,是权力由国家向社会回归的过程。在国家消亡远未到来之时,治理理论有效适用体现的是权力监督。上文已经指出,促进社会发展,尤其是经济发展上的突出表现使得当代中国政府取得了权威。如何保持政府权威,构建政府与民众之间的信任是治理理论有效适用的基本保障。信任缺失终将损害政府权威,危及执政合法性。

一定意义上,政府行为及其制度化形塑了该国的信任状况。"如果行动者之间的关系没有明晰的游戏规则,就不存在合作关系。"④规约政府行为以构建信

① [美]罗尔斯:《公共理性观念再探》,载哈佛燕京学社、三联书店主编:《公共理性与现代学术》,北京:生活·读书·新知三联书店,2000年,第1-46页。

② 孙柏瑛:《当代地方治理——面向21世纪的挑战》,北京:中国人民大学出版社,2004年,第26页。

③ 孔繁斌:《公共性的再生产——多中心治理的合作机制构建》,南京:江苏人民出版社,2008年,第137页。

④ [美]皮埃尔·卡蓝默等:《破碎的民主——试论协同治理的革命》,高凌瀚译,北京:生活·读书·新知三联书店,2005年,第170页。

任关系,才能推进治理理论的有效适用。信任的构建与公共权力的运行,与政府权威、社会权威的获取密切相关,尤其是与国家权力、政府权威直接相关。必须运用法治与民主规则规约政府行为使其制度化,促成信任关系的构建,使得公共治理得以公平、公开、公正地进行,保证治理理论有效适用。

其二,信任构建中的治理精英成长。权力分享是治理理论有效适用的基本走向。而最为关键的因素之一是信任关系的构建。如果一个社会连最基本的信任都没有了,犹如一盘散沙,那么,国家权力如何能从社会有限撤出?当国家权力从社会有限撤出时,何种力量可以成功地替代国家权力以维系良好的社会秩序呢?这关涉到规则的制定及其施行、精英的成长等一系列问题。从应然的角度来看,精英应该发挥的作用有:有效实现社会整合,稳固社会共同体的存续;充当国家权力与个体公民之间的缓冲器,协调二者之间的关系。一方面,使得国家权力不足以危及个体公民的权利与利益;另一方面,使得个体公民不会在问题面前聚合以致引起群体性事件。

可以简约地将精英指称为政治精英、经济精英与知识精英。从西方社会发展历程来看,精英是民主化的基本推动力。在公共治理中,精英是主导力量和核心因素。要想构建信任,实现治理理论有效适用,一要确保精英的产生与行为符合法治与民主的规则。精英必须受到法治与民主的制约与监督。二要确保精英与民众保持有效衔接与良性互动。各个阶层都有代表自身的精英群体。三要确保精英的流动与更替。要确保不管出身如何,任何人经过努力都有可能成为精英的一分子。

政治学研究的"技术性"与"操作性"①更多应该体现在对权力、权威与信任的驾驭与应对上,而且,这些问题对于公共管理来说,是首先需要面对的。诚然,本书并不说公共管理对公共领域专门性管理知识与技能的研究就不重要,而是试图指出,在未能成功应对权力、权威与信任问题时,对公共领域专门性管理知识与技能的研究可能事倍功半,甚至会徒劳无功。

从西方公共行政发展的历程来看,统治行政时期,资本主义政治制度逐步得以建立,并逐渐走向完善(至少在西方世界看来如此)。所以,西方发达国家政治学谈不上政治体制改革之类的议题。在它看来,价值上,这已经不是个问题。而

---

① 张国清:《从政治学到政治科学——中国政治学研究的难题与范式转换》,《厦门大学学报(哲学社会科学版)》2004 年第 4 期,第 27 - 34 页。

当代中国,虽然社会主义政治制度已经确立,但作为政治制度表现形式的政治体制却有改革的必要。价值上,政治体制中存在着可以改进的方面。对权力、权威与信任相关问题的研究必须立足语境。必须立足中国实际设置议程与选择方法,立足政治体制改革推进当代中国治理理论有效适用的权力分享、权威转换与信任构建。

第三节　冲突、交换与互动

治理是个研究的热门话题。但是,又有"新瓶装旧酒"的嫌疑。研究中普遍存在的弊病是,"过程非常复杂而结论非常简单""用众所不知的模型说明了一个众所周知的道理""有方法无思想,有知识无思想,有篇幅无思想"①。各类期刊中充斥着大量这样的论文。再比如研究中存在的循环论证:用治理论证社会,用社会论证治理。等,不一而足。但是,与前者不同,研究的循环论证毕竟触及了问题的关键,也就是说,治理本身是关涉到国家与社会、公民之间的关系。换句话说,治理理论有效适用关乎的是国家与社会、公民各个治理主体作用的有效发挥及其之间的良性互动。"良性互动"这一美好的政治愿景落实为现实需要应对冲突与平衡交换。因此,可以说,治理理论有效适用的过程就是寻求应对冲突、平衡交换以促进互动的过程。

一、国家与社会、公民的关系:一个考察的可能视角

群体生活必定存在冲突。常态下,冲突可以成为促成整合的机会,会推动新的社会结构的形成。根本上,中国社会的前行与进步受到政治的引导与控制。而政治之下的冲突很多是偶发性与选择性的,或集中在某些领域,或与特定事件相联系,总之是特定主体之间的冲突。同样,政治主导下的交换是不平等的。

对冲突、交换与互动的理性认知及纠偏是治理理论有效适用的基本内涵。一种较为普遍的认识是,中国的制度环境是国家与社会的不分,尽管对于如何处理这种"不分"的关系还有不同的认识。现实是,做比说重要太多,特别是在乱说、胡说普遍存在的情况下。应然层面上,法不禁止即自由。问题的关键在于多

---

① 李海舰:《经济学研究范式之争及其融合》,《中国社会科学报》,2016 年 9 月 27 日第 7 版。

大程度上可以利用制度给予的空间与可能。即便选择性冲突与不平等交换普遍存在，但是持续的治理与有效的权威依然时刻展示着"矛盾"的面相，从"中国人行动的逻辑"①中获得解读是一种可能理路。

二、阻碍治理理论有效适用之表现：选择性冲突、不平等交换与非良性互动

治理理论的核心要义是多元主体。社会的基本构成是每个个体。应然状态来说，国家与社会、公民形成互相牵制、互相制约、互相利用的稳定的三角。对于一个共同体的生存来说，冲突是无法避免的。治理主体通过交换实现利益均衡。良性互动关系的生成需要应对冲突、平衡交换。

其一，选择性冲突与公共治理中的整合失败：治理为什么还可以持续？多元主体并不意味着必定是有效治理。只有成功应对必要的冲突，实现有效整合，多元主体才有可能走向有效治理之路。共同体生活中，冲突无法避免。"冲突可能有助于消除某种关系中的分离因素并重建统一。在冲突能够消除敌对者之间紧张关系的范围内，冲突具有安定的功能，并成为关系的整合因素。"②

但是，"并不是所有的冲突都对群体关系有积极功能。"③冲突并非都是有利于促进国家与社会、公民的良性互动。只有在共同的社会价值与理念之下，试图取得成功与胜利的愿望推动着每个组成社会的群体之中个人之间的竞争，推动着各个群体之间的竞争，冲突才有可能发展成为一种良性互动。但是，哪些领域中存在可以被作为冲突的议题，冲突以什么方式化解，追根究底，哪些治理主体可以被当作冲突的对象，都是可以被框定的。比如，在政府对日本王子制纸之制纸排海工程项目的批准触发的启东事件之后，江苏南通宣布永久停止王子制纸排海工程④。冲突的解决到此为止。但是，该项目曾经遭受"七年内部质疑"。进一步的追问是，为什么治理依然可以持续？或许可以从如下文字中窥到一些

---

① 翟学伟：《中国人行动的逻辑》，北京：社会科学文献出版社，2001年。

② ［美］L.A. 科赛：《社会冲突的功能》，孙立平等译，北京：华夏出版社，1989年，第67页。

③ ［美］L.A. 科赛：《社会冲突的功能》，孙立平等译，北京：华夏出版社，1989年，第67页。

④ 《江苏南通宣布永久停止王子制纸排海工程》，http://news.qq.com/a/20120728/001073.htm，2016年6月19日。

端倪："因为勤劳、灵活的特质,使中国人克服了许多制度上的缺点。"①这成就了中国社会中普遍存在的"矛盾"现象②。

其二,不平等交换与公共治理主体的非良性互动:权威为什么还依然有效?社会交换过程受到社会规范的制约,而最基本的社会规范是互惠和平等。权威是自觉自愿的服从。只有合法的权力才能得到自觉自愿的服从,才能转化为权威。权力能否转化为权威,取决于权力的掌控者能否按照互惠与平等规范实现与普通民众之间的交换。普通民众如果从公共治理中获利大于期望,就会对权力的掌控者表示合法性的赞同,权威因此产生。

一段时期,底层社会政治的权威越来越受到冲击,政府的公信力受到影响,"公信力就是公众对公共权力及特定角色形象的信任度,体现了它们存在的权威性、信誉度以及影响力。"公信力的下降使政府遭受着"塔西佗陷阱"。当代中国的状况是,不平等交换与有效权威并存,此处的"有效权威"主要来自高层,符合对权力崇拜的传统。一如上文所说,中国人的"矛盾"在此处的体现是,一方面认同"靠人不如靠己",另一方面又天然崇拜权力,"有困难找政府",通过"闹大"解决问题。

其三,"中国人行动的逻辑":一个可能的解释及研究的必要性。对于中国人的行动逻辑,诚然,学界做了不同角度的有价值的解读。比如,有的将其归结为"最勤奋和节俭""最具有吃苦精神""最听话和守纪律",而且,"中国人还最渴望获得财富",同时"喜欢变通,不太讲究规则的特点"等③。有学者提出中国社会

---

① 这些特质是个"矛盾"体,既可以解释中国取得"成功"的原因,又可以用来说明中国问题之所在。"这一特点并不全是优点,正如很多人所说,还是很大缺点,但这恰恰使中国人总是能够在重重管制制度的缝隙,找到一条可以变通的道路,使得中国人可以绕过许多的管制束缚,即所谓的'绿灯亮了赶快走,黄灯亮了抢着走,红灯亮了绕着走'。也就是说,正是有了这条特质,使得中国人克服了很多制度上的缺点。"茅于轼、苏东:《勤劳是中国奇迹的根基》,http://www.ftchinese.com/story/001046151,2016 年 6 月 20 日。

② 正如吴敬琏引用狄更斯在《双城记》中的话对所处时代的描述一样,"这是最好的时期,也是最坏的时期"。问题的关键在于改革的走向。"但现在的问题是,可能是摸石头摸上瘾了,连河也不想过了。"参见《清华大学报告:中国须警惕'改革中途,不想过河'"》,http://news.xinhuanet.com/politics/2012 - 01/23/c_122616765.htm,2016 年 6 月 23 日。笔者并不反对知识分子在逻辑严整的情况下对社会做出一些"惊世骇俗"的观点,因为与权力掌控者相比,知识分子总是显得具有依附性与微弱性,这可以从中国的历史与现实找到例证。参见吴敬琏:《呼唤法治的市场经济》,北京:生活·读书·新知三联书店,2007 年,前言第 1 页。

③ 茅于轼、苏东:《勤劳是中国奇迹的根基》,http://www.ftchinese.com/story/001046151,2016 年 6 月 20 日。

存在明显的"不平等"，而"使这种明显的社会不平等得以延续的因素是：没有谁会永远被踩在脚下，压迫者与被压迫者经常调换位置"。这就是所谓的"天理循环"①。

"中国人的市场实践是建基于中国人的自我行动的逻辑基础之上的。"②市场实践是改革开放以来中国人的基本生活方式。中国人行为中的双重性塑造了特有的"矛盾"面相。在"天理循环"的宿命论之下的"矛盾"得以反复出现。当然，本书并不是要对中国人行动的逻辑做出定论，而是试图说明，对中国人行动的逻辑的研究是考察包括治理理论有效适用在内的公共治理相关问题的必要组成部分。

三、推动治理理论有效适用的核心要义

归根到底，治理理论有效适用的问题可以置换为国家与社会、公民之间关系处理的问题。诸如"辩证统一""相辅相成"等话语体系更多是一种美好的期许，其如何落地为具体的路径措施显得更为重要。

其一，现代国家构建：双重压力下的可能与现实。援引西方治理理论于当代中国实践说明开放社会语境下外部因素是无法回避的③。实践层面，后发国家的现代国家构建更多是出于外部的压力。现代国家构建的两个主要层面分别是"现代行政科层制发展"与"社会生长"④。"……只有那些目标、价值观念、利益及相互关系赖以建立的基本条件不相矛盾的冲突才有积极功能。"⑤现代国家的构建就是寻求国家与社会、公民之间冲突的协调解决最终以实现良性互动。

改革开放以来，随着"自由流动资源"与"自由活动空间"⑥的出现，社会组织

---

① 林语堂：《中国人》，郝志东等译，上海：学林出版社，1994年，第202页。
② 汪和建：《自我行动的逻辑——当代中国人的市场逻辑》，北京：北京大学出版社，2013年，序言第7页。
③ 或许治理理论在异域会遇到水土不服的情况，但是，正如后发国家对于构建现代国家的要求更多的是迫于外部的压力，西方先进理论至少可以启发一些新思路、新视角，为新理论的产生提供新可能。不能希冀通过适用治理理论就使得中国公共治理发生翻天覆地的变化，但是至少可以对照先进以发现自身的不足，并启发本土理论的产生，推动实践的前行。
④ 贺东航：《中国现代国家的构建、成长与目前情势——来自地方的尝试性解答》，《东南学术》2006年第4期，第42-51页。
⑤ [美]L.A.科赛：《社会冲突的功能》，孙立平等译，北京：华夏出版社，1989年，第67页。
⑥ 孙立平：《自由流动资源和自由活动空间——论改革过程中中国社会结构的变迁》，《探索与争鸣》1993年第1期，第64-68页。

逐渐获得了发展空间。但是,这并不代表国家就放弃了对社会的引导与控制。与"社会生长"相伴相生的是国家政权建设的不断加强。治理理论的有效适用需要多元主体都可以从各自固有机理出发发挥应有的作用,而这建立在现代国家得以成功构建的基础之上。现代国家构建与治理理论有效适用在后发国家表现为互为推动的关系。对于现代国家构建,一是应在公共治理主体,尤其是主导性主体中形成基本的共识。这种共识包含在治理理论基本内涵、价值支撑、阻碍因素与应对策略等方面形成的一致性认识中。二是在强化国家政权建设的同时,引导与培育社会的成长与成熟,这在民主机制逐步建立健全中作用明显。一直以来,行政体制改革的思路是从政府内部寻找突破口,但是由于民主机制依然不完善,内部改革有演化成利益的调整与再分配的冲动与可能。更何况,社会的成长与成熟本身就是现代国家构建的基本要素。

其二,社会的成长与成熟:从参与到独立。没有独立性依然可以参与公共事务。但风险是对政治的依附,与政治环境密切相关。乌坎事件再次引起人们的关注是时隔5年之后乌坎村村委会主任涉嫌受贿被立案侦查,而该村委会主任就是当初乌坎事件的组织者之一①。固然,根本上需要从法律的角度来看待乌坎事件,但该事件始终无法独立于政治而存在,无论是事件本身还是对其的观察。

中国社会成长与成熟的逻辑与西方是不同的。在政治统合社会的语境之下,试图完全独立于体制之外谋求社会的成长与成熟是不可能的。举例来说,十二届全国人大常委会第二十次会议表决通过的《中华人民共和国境外非政府组织境内活动管理法》已于2017年1月1日起施行。该法从登记和备案、活动规范、便利措施、监督管理、法律责任等层面对"境外非政府组织境内活动"做了细致的规定。

其三,"中国人行动的逻辑":当下与未来。中国人行动的逻辑提供了公共治理可以持续的基本佐证。这是当下不争的事实。但"矛盾"依旧存在,很多时候甚至可能激化。日常生活形态的演变以及围绕着这些演变而蔓延开来的维权运动,最直接地折射出转型期常态化的政治。或者说,这是普通民众看得见摸得着的政治形态。政治形态由政府主导与控制。围绕抗争与群体性事件等的冲突以

---

① 《广东陆丰乌坎村村支书林祖恋涉嫌受贿被立案侦查》,http://www.chinanews.com/sh/2016/06 - 18/7908647.shtml,2016 年 6 月 19 日。

及时常反复不平等的交换促成了国家与社会、公民之间的关系。

现有体制下对作为公共治理主体的个体的要求，一是在"合法"与"抗争"之间寻求"合法抗争"的基本可能与路径。"关键不在于如何在理念上区分不同的抗争方式，而在于如何对待行政者在抗争实践中的策略选择。"抗争策略大体上分为两类：建构行动合法性的策略以及在此基础上争取自身权益的策略①。二是坚持底线伦理与保障弱势群体。"底线伦理"是"不可伤害、不可欺诈"和"权责相符"、职业操守这样一些所有社会成员都应遵循的基本道德规范。"底线伦理"应有中国式表达，比如，"新三纲"为"民为政纲、义为人纲、生为物纲"，新"五常伦"是"天人和、族群宁、群己公、人我正、亲友睦"②。对"底线伦理"的坚持自然包含着保障弱势群体的内容，而同样自然引申出的首要问题是对"弱势群体"的理解，也就是说，到底哪些群体属于"弱势群体"。对此的正确认知直接影响到中国人行动的科学逻辑。

笔者的治理理论有效适用研究始终没有脱离对学术规范的关注。国家与社会、公民各个治理主体作用的有效发挥及其之间的良性互动是治理理论有效适用的基本内涵。冲突是共同体生活无法回避的基本事实。而选择性冲突可能带来公共治理中的整合失败。不平等交换会带来公共治理主体的非良性互动。持续的治理与有效的权威可以从"中国人行动的逻辑"中获得印证。现代国家构建受到外部与内部的双重压力，从参与到独立是社会成长与成熟的基本可能，而国家与社会的互动从中国人行动的当下与未来策略中得以体现。冲突、交换与互动是窥视治理理论有效适用的基本视角。

第四节　目标、根基与方略

"致力于摆脱作为社会治理模式的代议制民主的困境……再造民主政治生活"，是始于 20 世纪 70 年代以来"治理革命"的使命。多中心治理是治理革命的"元叙事"③。治理理论有效适用实质就是发挥多中心行为主体在公共治理中的

---

① 郭于华、沈原、陈鹏主编：《居住的政治：当代都市的业主维权和社区建设》，桂林：广西师范大学出版社，2014 年，第 42、43 页。

② 何怀宏：《守住底线伦理》，《人民日报》2015 年 2 月 16 日第 7 版。

③ 孔繁斌：《公共性的再生产——多中心治理的合作性建构》，南京：江苏人民出版社，2008 年，作者的话第 1 页，第 18 页。

作用。当代中国语境下,意图使得治理理论有效适用,必须推动民主政治发展。只有治理理论有效适用与民主政治发展相互促动,共同有序推进,才能化解社会冲突。而社会冲突的应对与化解需要共识的肯认与生成。逻辑上,共识的肯认与生成需要政府的回应。而政府的有效回应需要公民与社会的监督与制约。

一、治理理论有效适用研究现状评介

对研究积累的规范检讨是科学研究的基本步骤之一。治理理论传至中国以来,得到学界广泛关注。此背景下,当代中国治理理论有效适用研究取得了丰硕研究成果。代表性的有:《增量民主与善治》①一书从普遍意义上的善治与民主原则出发,结合当代中国实践,提出"中国民主治理"的评估标准;《治理、善治与中国政治发展》②一文指出,当代中国政治发展方面取得的成就与治理和善治理论所倡导的理念不谋而合。该文以治理和善治的理论框架分析了当代中国政治发展的成就,指出了中国政治发展的未来方向;《治民·治政·治党:中国政治发展战略解析》③一文引用治理理论,结合中国实际,按照"双边治理"的思路,概括出中国政治发展的三条线路:治民(社会治理)、治政(政府治理)、治党(政党治理);《治理理论及其中国适用性》④一书对治理理论的现代性意义及其现实方略做了较为深刻地分析。等等。但是,当代中国治理理论有效适用研究存在如下情况:其一,有研究者认为,西方语境下,需要在满足一些基本条件之后,治理理论才可以得到有效适用。这些条件包括成熟的社会、健全的民主与法治制度等。基于此,该研究取向认为,治理理论根本无法在当代中国有效适用,其与民主政治发展无法形成良性互动。其二,有研究者虽然认同治理理论可以在当代中国得以适用,对于治理理论的实质与历程及其如何适用于当代中国实践却研究不够精确。这种研究取向强行将当代中国的现实归拢到治理理论上,用善治的标准、要素考察当代中国现实,有意或无意地忽视治理理论有效适用的要件,尤其是民主政治发展要件。其三,有研究者将研究的焦点集中于基层社会或某一领域的社会治理(如区域发展、环境保护、合作治理)、某一地区。但由于缺少学术

---

① 俞可平:《增量民主与善治》,北京:社会科学文献出版社,2005 年。
② 何增科:《治理、善治与中国政治发展》,《中共福建省委党校学报》2002 年第 3 期,第 16 - 19 页。
③ 燕继荣:《治民·治政·治党:中国政治发展战略解析》,《北京行政学院学报》2006 年第 1 期,第 15 - 20 页。
④ 王诗宗:《治理理论及其中国适用性》,杭州:浙江大学出版社,2009 年。

规范上的诸多限制与要求，"劣币驱逐良币"现象普遍的存在，特别是在乡村治理与政治发展研究中。谁都可以运用治理理论来分析中国现实，哪怕这种分析是建立在既不理解治理理论，也不理解中国现实的基础之上。具有价值的个案研究成果多以剖析相对发达地区为主。可见诸于俞可平、景跃进、何增科、郁建兴、陈剩勇、郎友兴、王诗宗、金太军等相关论著。但企图将特色鲜明的个案推广到全国以实现公共治理，是非常困难的。原因在于，我国各个地区的经济社会发展极不平衡，差异巨大。治理理论有效适用各有侧重，特点各异。促进全国范围的治理理论有效适用必须依靠政治发展。

可见，近年来，治理理论研究取得了可观的研究成果，包含治理概念与理论研究；治理理论在区域发展、环境保护、合作治理中的适用研究等。但是，当代中国，推动治理理论有效适用，政治发展议题是无法回避的。而现有研究成果，一方面，缺少对治理理论与民主政治发展良性互动的系统研究；另一方面，研究集中于基层社会或某一领域、某一地区，个案研究较多，普遍意义研究较少。个案研究更多是对实践的归纳与总结。之所以如此，根源在于对民主政治发展议题深入研究的回避。

二、冲突之缘起与走向：治理理论有效适用的目标

不同的学者基于不同的视角对政治发展有不同的解读。诚然，他们在将政治发展划分为描述性概念与目的论概念上存在基本共识。在此基础上，政治发展被理解为包含政治制度化水平提高、政治参与增加、政治决策科学等的复杂整体性概念。不过，不论哪种政治发展界定方略都无法忽视一个事实：现实生活中，冲突是不可避免的。这一点在当代中国体现得尤为明显。治理理论有效适用的本质与核心在于多中心作用的有效发挥。当代中国，这需要民主政治发展的推动。当代中国治理理论有效适用的过程就是推动民主政治发展的过程。

其一，冲突之缘起：当代中国治理理论有效适用的目标定位。社会学家对社会冲突的缘起做了多重视域的解读。"现代的社会冲突是一种应得权利和供给、政治和经济、公民权利和经济增长的对抗。""冲突是由于权力分配引起的，而不是由于经济因素引起的。"[①]

---

① ［英］拉尔夫·达仁道夫：《现代社会冲突——自由政治随感》，林荣远译，北京：中国社会科学出版社，2000年，第3页。

冲突发生的根本原因在于旧有社会秩序的崩塌所引致的社会群体利益对立。"系统中的被统治群体越是意识到其机体利益并怀疑稀缺资源分配的合法性,他们就越有可能参加针对这一体系的统治者的冲突。"①社会存有冲突本应是常态现象,并不可怕,可怕的是,由于未能对冲突之原因、性质形成客观的认识进而无法有效应对冲突,逐渐使得冲突固化,成为一种"正常"现象。

其二,冲突之走向:当代中国治理理论有效适用的目标取向。社会冲突有破坏作用,"马克思认为冲突最终会变成革命性的和暴力性的,并导致体系的结构性变迁。"②同时,社会冲突也有"一致"的功能。"冲突可能有助于消除某种关系中的分离因素并重建统一。在冲突能够消除敌对者之间紧张关系的范围内,冲突具有安定的功能,并成为关系的整合因素。"③在社会冲突事实普遍存在的当代中国,学理上对社会冲突功能界分的意义远小于对其走向厘定的意义。换句话说,我们到底意欲使得社会冲突走向何方是更加迫切需要关注的问题。

从应然的视角看,治理理论有效适用中的冲突应为有利于维系既有政治秩序,有利于社会朝着一致方向发展的冲突。相应地,只有有利于"一致"的冲突才是符合治理理论有效适用要义的冲突。"一致与冲突,都是社会存在的两种基本动力。稳定与变迁,是社会存在的两种基本形式。冲突是社会结构固有成分;冲突引起社会变迁,社会变迁排除冲突的消极影响。"④冲突走向一致的过程是在现有政治制度基础上,多中心行为主体调和相互冲突的利益,并采取联合行动的持续的过程。这一过程也是现有政治秩序基础之上的民主政治发展过程。

三、共识及其生成:治理理论有效适用的根基

当代中国治理理论有效适用中冲突的预防与化解首先需要共识的凝练。这种共识包含着对市场、国家与社会功能的基本认知,以及对治理理论有效适用共识生成基本命题的理解。

其一,何种意涵的共识:当代中国治理理论有效适用根基之初设。一般认

---

① [美]乔纳森·特纳:《社会学理论的结构》上卷,邱泽奇、张茂元等译,北京:华夏出版社,2001 年,第164 页。
② [美]乔纳森·特纳:《社会学理论的结构》上卷,邱泽奇、张茂元等译,北京:华夏出版社,2001 年,第168 页。
③ [美]L.科塞:《社会冲突的功能》,孙立平等译,北京:华夏出版社,1989 年,第 67 页。
④ 宋林飞:《西方社会学理论》,南京:南京大学出版社,1997 年,第 321-322 页。

为，政治学意义上，共识是特殊的协定，指一项其条款能得到个人和组织广泛认可的广义的协定，而且，是关于根本性或基础性原则的协定。① 就治理理论而言，最低层次的共识应该是多中心行为主体彼此之间相互地位的认可，也就是说，各个行为主体必须认可其他各行为主体治理中心的地位，尤其是其中可以动用新的治理工具与技术控制和引导其他行为主体发展的政府更需认识到这一点，并主动提高自身能力，承担相应责任。

除了最低层次的共识之外，多中心行为主体同时需要在如下方面达成共识：其一，必须从人类社会与市场经济的基本规律出发框定多中心行为主体的基本功能定位；其二，必须以法治保障权利，规约民主，从而使得多中心行为主体规范行为。推进治理理论当代中国的有效适用，需要首先初设共识在当代中国的意涵。历史的角度下，市场、国家与社会，"这三种协作形式具有一般的关联性，此外，它们也对应于资本关系和更一般的资本主义社会体化的不同方面。在这个意义上，所有这三种形式都再生产着，尽管不同时代有不同分量，正如资本积累本身的再生产一样。"②自由竞争资本主义时代，市场力量是治理的基本行为主体，诚然，国家依然是重要的治理机制，被称为"守夜人国家"，主要着眼于宪政法律之创设。20 世纪 30 年代大萧条与经济危机的爆发使得市场治理机制的弊病得以全面显露。"市场失灵的原因在于，在经营活动中一味追求私利，未能为经济活动做有效的资源配置，并因此未能达到营利目的。"但是，对国家寄予厚望的人们失望地发现，"国家失败"普遍存在。食品安全、环境污染、突发群体性事件等的频发一方面说明政府单一行为主导的治理模式是无效的，另一方面亦说明国家"未能实现重大的政治目标，即保障公众利益，防止它受到特定利益集团的侵犯"。③

其二，破除既得利益的阻梗：当代中国治理理论有效适用共识生成之必然命题。对既得利益的表述应该是，"在既有的社会结构中，部分公职人员凭借制度安排，把附着于权力的特殊利益当成职业目的来追求，脱变为拥有比较稳定的合法合理的、合法不合理的、合理不合法的、甚至是既不合理也不合法的特殊利益

---

① ［英］安德鲁·海伍德：《政治学核心概念》，吴勇译，天津：天津人民出版社，2008 年，第 21 页。

② B.Jessop, *The Future of the Capitalist State*, Cambridge：Polity Press，2002，p.52.

③ ［英］鲍勃·杰索普：《治理的兴起及其失败的风险：以经济发展为例的论述》，载俞可平主编：《治理与善治》，北京：社会科学文献出版社，2000 年，第 71 页。

主体,抗拒对之进行调整,成为既得利益者。"①治理理论关涉四个理论命题——多中心的公共行动体系、反思性的"复杂人"假设、合作互惠的行动策略、共同学习的政策过程②,其核心在于多中心行为主体及其合作。而既得利益倡导封闭的利益分配形式,推崇单一或单中心的治理模式,直接阻梗了治理理论有效适用共识的生成。

既得利益是对共识生成最大的阻梗,是否能够破除既得利益的阻梗是对政府价值取向的考验,因此亦充满了艰难与险阻。此时,政府是自身积极主动,还是迫于外部(国内的与国际的)压力而改革,是对政府能否把握改革时机与契机的检验与衡量。

四、回应之核心与关键:治理理论有效适用的应然之义

冲突的化解与共识的凝练需要政府的回应。政府的有效回应需要公民与社会的监督与制约。回应的基本含义是,"公共管理人员和管理机构必须对公民的要求做出及时的和负责的反应,不得无故拖延或没有下文。"③

第一,回应及其体现:当代中国治理理论有效适用的基本组成。"政府的改革之道,就是运用它的力量去培育创造出更多的第三部门。……顺应这些改革也就建立了所要求的组织结构。剩下的问题就是指导这些组织使之符合社会的价值要求,并且有能力去解决社会问题。"④这是现代社会对政府提出的基本要求,是治理理论有效适用的基本保障。政府必须做出回应。这种"回应",就中国而言,首先体现为需要建立责任政府,必须进一步完善行政问责制。儒家传统文化影响浓郁的当代中国,民众对官员产生的兴趣远小于其对官员以何种方式离职的兴趣。民众更关心官员施政期间是以人为本,执政为民,还是被行政问责,乃至绳之以法,更关心行政问责是否真正落到实处,被问责官员是否会在"风声"过后悄然复出,这种复出有无法理基础。等等。

---

① 刘彦昌:《聚焦中国既得利益集团》,北京:中共中央党校出版社,2007年,第39页。
② 陈振明主编:《公共管理学——一种不同于传统行政学的研究途径》,北京:中国人民大学出版社,2003年,第88—90页。
③ 俞可平:《引论:治理和善治》,载俞可平主编:《治理与善治》,北京:社会科学文献出版社,2000年,第10页。
④ [美]盖伊·彼得斯:《政府未来的治理模式》,吴爱明、夏宏图译,北京:中国人民大学出版社,2001年,第72—73页。

在强调当代中国治理理论有效适用的基本组成的同时，必须保障公民对政治的参与权，引导社会的成长与成熟，充分发挥权利对权力、社会对权力的监督与制约。只有这样，才能逐步瓦解不合理的利益格局。

第二，监督与制约：当代中国治理理论有效适用中回应之践行。"如果治理退化成一种十足的经济行为，那么在政治理论中公民就变成了微不足道的人物。"①但是，如果政府将治理演变为经济利益分配，通过向民众作出经济利益上的些许倾斜与让步以换取执政的合法性基础，那么城乡差距问题、食品安全问题、环境污染问题、突发性群体性事件等将一直无法得到有效应对与解决。同时，"在意识形态的影响下，政治化的话语往往掩盖了复杂生猛的社会现实。意识形态主导下的诸多话语，空泛、虚妄、浮华，严重脱离社会生活。充斥在报纸电视上的这些话语，与基层社会生活真实状态严重脱节。"②民众将亦逐渐习惯于此类事件的频发，麻木于其不发生在自己的身上，最终将使得整个社会的底线无限下降，道德体系不断解体。笔者以为，要确保当代中国治理理论有效适用中回应之践行，其一，务必开展现代公民教育，培育现代公民。只有掌握了现代政治理念，公民才能对多中心治理有基本理解，才能树立权利意识，才能主动行使多中心行为主体的基本权利。其二，守住司法公正这条底线。公民与社会监督与制约作用的发挥需要有法律的保障，这是公民与社会的基本权利，受到法律保护。当基本权利受到威胁时，法律必须可以提供救济。整个过程中，司法公正必须得到持守。

学界普遍的认识是，"治理理论是政治发展进程中一套用于解释现代国家与社会结构变化特征的规范性理论分析框架。"③诚然，对于当代中国而言，需要抛开二元对立的"传统——现代"研究模式，立足实际，使得治理理论有效适用与民主政治发展的互相促动，共同有序推进。

---

① 俞可平：《引论：治理和善治》，载俞可平主编：《治理与善治》，北京：社会科学文献出版社，2000年，第10页。

② 赵树凯：《"底层研究"在中国的应用意义》，《东南学术》2008年第3期，第9－11页。

③ 孔繁斌：《公共性的再生产——多中心治理的合作性建构》，南京：江苏人民出版社，2008年，第18页。

第三章

当代中国治理理论有效适用：体系的维度

第一节　必要、基础与保障

就西方世界而言，公共行政在不同时期、不同国家通过不同类型行政模式实现。从"统治行政"，到"管理行政"，再到"治理"是西方公共行政演进的基本路径。治理理论是当前在西方颇具影响的公共行政理论，是对强调价值取向的新公共行政学与凸显效率取向的新公共管理的统合。不论治理理论能否构成对传统公共行政范式的替代，对其的有效适用都将有利于推动我国社会治理朝着良性方向发展。

治理理论有效适用的过程可以推促现代制度建设。反过来，逐步确立与完善的制度可以推进治理理论的有效适用。现代制度建设同样需要多元主体来完成，无法单纯依靠执政党及政府来完成。公民与社会组织的成长与成熟是治理理论有效适用的基础。党是治理理论有效适用的核心主体。确保党作用有效发挥的必然选择是勇于担当责任，可能路径之一是完善问责制。

一、治理理论有效适用之必要——导向多元主体的过程意义

在当代中国社会转型期，治理理论提供了有益的借鉴。但是，众所周知，缘起于西方的治理理论是对市场失灵与政府失败的反应与应对。就我国而言，市场并非失灵，而是缺少公正运行的基本机制与体制。政府也非失败，而是没有确立基本的行为规范。这种语境下，治理理论是否能够适用？或者说，西方国家是

在资本主义现代国家建设的完成、资本主义市场经济体制的建立的情况下,论及与实践治理理论。公共治理有效适用所欲达致的目标是善治,其具有以下要素:合法性、法治、透明性、责任、回应、有效、参与、稳定、廉洁、公正。^① 这些要素与现代制度相吻合。众所周知,本质上,公共治理是多元主体协商与共进的治理。治理理论有效适用的行为主体是多元的。治理的权威主体不一定是政府机关,也不是只有政府机关,而是至少存在政府体系之外的社会组织,如民间组织、政府社会间的或政府企业间的中介组织、志愿者团体、企业组织及公共个人都可以成为行为主体。共同参与,甚至是共同决策。特别需要申明的是,它们地位平等,至少就法律意义而言,大家是平等的②。如何确保多元主体法律上的平等?还要回到现代制度建设中去。因此,有学者指出,在缺乏作为制度基础的现代社会政治秩序的情况下,如果过分地夸大"治理"的效用,把本来作为长期前景的"治理"状态简单为眼前的目标,则可能破坏正在进行的现代制度建设③。诚然,这些忧虑不无道理。但这是否意味着治理理论在当代中国没有适用的可能与必要了?

笔者以为,在当代政治生活,治理理论只能是传统管理理念的补充,而不是替代。与统治模式本身所带有的强烈意识形态性不同,治理理论的普适性较为明显。诚然,在对先进理论有效适用中,必须坚持立足实际,为我所用,确保实效。具体到治理理论有效适用中,就是要充分考虑具体适用的层面。借助治理理论近年来发展的主要分支——整体性治理理论与网络治理理论可以说明这一问题。以新公共服务理论为基础的整体性治理强调政府的社会管理与公共服务职能,重新将公众需要作为依归,既追求公平、正义、回应性等基本的民主价值,也兼顾新公共管理倡导的效率。整体性治理模式追求的是行政机构从串联模式向并联模式的转变以改善其内部"碎片化"的制度结构④。这一理论分支一定层面上契合了我国行政体制改革的基本思路,即立足政府内部展开。但实际上,更应该引起注意的是,整体性治理以公众需要为依归,评价其有效适用与否的最终主体是公众。相对于整体性治理,网络治理同时关注了政府、市场与社会之间的"断裂",并创造条件弥合这种"断裂"以使得多元主体良性互动。网络治理也隐

---

① 俞可平:《善治:通往幸福之路》,《21世纪经济报道》2011年1月1日第9版。
② 吴财财:《政府间的分权与治理》,《马克思主义与现实》2003年第3期,第70-75页。
③ 杨雪冬:《论治理的制度基础》,《天津社会科学》2002年第2期,第43-46页。
④ 褚松燕:《行政服务机构建设与整体性政府的塑造》,《中国行政管理》2006年第7期,第48-51页。

含了多元主体存在的前提。对治理理论的有效适用是直接跳过其多元主体这一基石,在一些操作层面做无谓的争论,还是立足当代中国实际直面其基础与保障?

对当代中国而言,一如上文所言,社会转型仍未成功,现代制度建设是根本性的问题,需要认真应对。现代制度建设与治理理论有效适用都需要多元主体来完成。企图仅仅从体制内出发,单纯依靠执政党及政府自身推动现代制度建设,推动治理理论有效适用,是不现实的。必须寻求公民与社会组织作用的发挥,形成对现代制度建设的有力推动,进而达致治理理论的有效适用。本质上,治理理论有效适用更多是一个过程。利益冲突的普遍存在使得善治更多只是一种愿景,而风险社会的事实使得这一目标离我们还很遥远。这种情况下,必须拒斥简单的二分思维,必须认识到治理理论是一种过程,其有效适用的过程是现代制度建设的过程,是导向多元主体的过程。生存于社会之中的公民与社会组织是"国家体系之外"的推动力。

二、治理理论有效适用之基础——公民与社会组织的成长与成熟

基于以上的分析,笔者以为,当代中国具有适用治理理论的可能,更具有适用的必要。纠缠于治理理论是否具有适用性,不如切实考察与推动其有效适用的要件形成,不如考察如何使之应用于当代中国,使之"中国化"。我们知道,西方公共治理的目标在于弥补市场与政府的缺陷,寻求多元主体对单一市场、政府主体地位的超越。当代中国治理理论有效适用的方向则在于通过这一过程形成对现代制度建设的推动和促进,现代制度的逐步确立与完善反过来则有利于治理理论的有效适用。网络式的组织结构是治理理论有效适用的基本媒介。网络在这里是 network,而非 internet,指的是地位平等的、资源共享的、信息对称的、权力界限清晰但相互联系多向交织的一种立体的、扁平的、多结点紧密互联的合作网络①。而这种合作网络的基石是多元主体。治理理论有效适用的过程就是多元主体协作与共进的过程。公民与社会组织的成长与成熟是公共治理得以运转的基本条件。

第一,治理理论有效适用中的公民。对民族、民主的基本追求与认可是治理

---

① 刘霞、向良云:《公共危机治理》,上海:上海交通大学出版社,2010 年,第 12 页。

理论有效适用的基本前提。成熟的民族与民主理念及其实践亦是推动治理理论有效适用的基本因素。因此，在当代中国欲推动治理理论的有效适用首先需要公民对其基本理念与实践的理解与认可。但现实给我们提供了很多这样反面的例证。比如，地域歧视严重影响现代民族国家的构建。在网络发达、信息爆炸的今天，作为网友交流思想的主要平台，论坛本应提供公民平等交流与探讨、争论的基本渠道，是民主理论的基本试验场，但在那里同样可以看到当代中国民众成熟的民族与民主理念的缺失。很多情况下，对一些社会现象与问题的探讨最终沦为地域攻击与谩骂。成熟的公民是治理理论有效适用的基础主体，因为多元主体的任何一个部分归根到底都是由普通公民所组成的。诚然，普通公民毕竟是微小的个体，与强大的公共权力相比毕竟是势单力薄的。那么，公民应该如何应对治理时代所带来机遇与挑战呢？可行的办法是，依托与生存于一定的社会组织之中。

第二，治理理论有效适用中的社会组织。这里的"社会组织"是指由一定数量的社会成员按照一定的规范并围绕一定的目标聚合而成的社会性群体，是对传统的非政府组织、非营利组织、第三部门或民间组织等称谓的改造。"……在中国，问题也许在于'福利国家'还不够，'自由市场'还不够，因此，中国的第三部门一方面当然要认识到市场逻辑与政府逻辑本身的局限性，并有针对性地克服我们特定的'政府失灵'及'市场失灵'，但另一方面，也要认识到'政府有效'与'市场有效'，并积极地配合第一、第二部门中争取有效政府与有效市场的努力——而这，是西方的第三部门完全不必操心的。"[1]从政治统治，到公共管理，再到公共治理是西方公域之治发展的基本历程。当下政治生活中，社会组织渐次成为治理理论有效适用的基本主体，成为普通公民表达意愿、维护权利的基本渠道，能够保障公民个体的利益，可以统筹协调各方面利益关系。传统的政治统治与公共管理中，政府发挥着唯一的主导作用，缺少社会的合作和公众的参与。

需要强调的是，此处的"社会组织"是与"政府组织"相对应、与"企业组织"相交织的存在。非社会组织中最为重要的是政府。虽然治理理论"过度亲和后现代主义，很可能染上后现代主义反政治、无政府之类的相关毛病"[2]，但政府在治

---

[1]　秦晖：《传统十论》，上海：复旦大学出版社，2003 年，第 160 - 161 页。

[2]　俞可平：《中国公民社会：概念、分类与制度环境》，《中国社会科学》2006 年第 1 期，第 109 - 122＋207 - 208 页。

理理论有效适用中的中心地位是不容置疑的,这在当代中国显得尤为突出。当代中国政治与行政是一元的,"国家中心主义"的历史传统影响甚大,因此,治理理论有效适用中最为重要的是执政的中国共产党。

三、治理理论有效适用之保障——党的领导

资本主义主导的全球化时代,多元民主和市民社会与新自由主义意识形态密切勾连,直接侵蚀到后发国家的主权地位。而这种勾连又借助后发国家的既得利益得以成功谋求政治利益、经济利益及文化利益。这体现在当代中国治理理论有效适用中即为:单纯依靠体制内的力量,不足以有效适用治理理论。要解决治理难题,破解治理困局,必须依靠多元主体,尤其是社会的力量,即公民与社会组织。但社会的兴起又容易被资本主义意识形态所利用,成为危及政权稳定的因素。因此,在治理理论有效适用中需要有一个坚强的领导核心,其务必拒斥资本主义意识形态,坚守社会主义意识形态。

第一,担当执政责任:党在公共管理理论有效适用中的基本使命。在一国政权基本稳定的情势下,公共管理的政治性淡化,而管理性与服务性凸显。但淡化并非消弭,治理首先依旧是个政治问题。考察治理理论有效适用等公共管理领域的问题时忽视政治的存在是荒谬的。随着国际化进程的加快,在与国际接轨口号的引导下,对公共管理问题的很多研究有意无意地忽视政治的存在。不从政治语境出发的公共管理研究只能是自说自话。作为治理理论有效适用的核心主体,党在其中肩负着的基本使命是,勇于承担执政责任。但由于当代中国政治与行政是一元化存在,所以,在公共管理过程中必须构建执政责任担当机制。这同样是治理理论有效适用的根本保障。当前,这一机制的可能实现路径之一是贯彻实施问责制。问责制最主要的问题在于:其一,问责什么——问而不责与问而轻责。在官员问责制实施中,存在"问而无责"的现象。对官员的问责往往是"雷声大,雨点小"。有时应付质疑而实施的问责,有轻责的嫌疑。其二,问责谁——上责下摊与问责不清。在问责制的实施过程中,"问责谁"是个重要而又关键的问题。实践中存在上责下摊与问责不清的现象。究竟问责谁的问题还体现在问责不清上。可以具体分为:由于上下级权责不清晰所导致的问责不清以及由于领导之间权责不清晰所导致的问责不清。其三,问责之后——不规范地复出。这样的话,问责制就变成了对责任的逃避,而谈不上对责任的担当。

第二,核心主体:党在治理理论有效适用中的基本定位。核心使得责任的担当成为必要。坚持共产党的领导是历史的选择,是人民的选择。承载历史与人民重托的共产党必须担当执政责任以获取不竭的合法性。作为传统社会管理模式的补充,"治理"依附于"统治",本质上是个政治概念。这从其基本含义可见一斑。R.罗茨归纳出治理的六种形态,分别为:作为最小国家的治理、作为公司治理的治理、作为新公共管理的治理、作为"善治"的治理、作为社会—控制系统的治理与作为自组织网络的治理①。"作为最小政府的治理"背后的价值底蕴是新自由主义意识形态,意识形态隐匿其中的还有"作为新公共管理的治理"等。这从一个侧面向我们昭示,当代中国需要一种有别于西方治理理论的特殊理论视角。具有极强实践性的公共治理必须与治理的实施主体所在环境实际情况紧密联系,因此,中国的公共治理研究需要给予中国的公共管理和社会环境足够的重视②。当代中国治理理论有效适用最根本的因素应该在于党作用的有效发挥。公民与社会组织的成长与成熟需要党在认清自身基本定位的基础上的引导与扶持。

任何主体都不可能长期拥有某种核心优势资源。在推进治理理论有效适用的当下,为了保障合法性,党必须担当执政责任,可能路径之一是完善问责制。这里无意也无力基于问责制内部来探讨完善的路径,这是现有完善这一制度的基本思路。一如上文所指出的,笔者以为,完全立足于制度内部是无法有效地使之完善的。体制内的制度设置得再完美,如果没有来自外部的压力,将无法得到有效的实施。可能的路径在于,成熟的公民与社会组织形成对问责制贯彻与实施的有力监督,对执政党担当责任的有力监督。而对于问责制内部的细节性完善则属于大方向之后的具体修复。现实政治生活中吊诡的是,制度内针对性措施层出不穷,问题却始终得不到解决。追根溯源在于缺少制度外部公民与社会组织的有力监督。笔者这里意欲指出的是,党在治理理论有效适用中的"核心"主体地位,实质上是对治理理论缘起之资本主义意识形态性的拒斥,是当代中国公共管理之社会主义性的坚守。这是原则性问题,亦使得执政责任变得无从推卸。在此之后,多元主体"之一"的角色定位更加使得共产党对责任的担当成为可能。传统社会中,国家吞噬社会,公共权力几乎完全处于不受监督的状态。治

---

① 〔英〕罗伯特·罗茨:《新的治理》,载俞可平主编:《治理与善治》,北京:社会科学文献出版社,2000年,第86-106页。

② 《"问责领导干部"竟将板子打到普通职工身上》,《工人日报》2011年5月26日第1版。

理理论有效适用使得这一局面被彻底打破。问责制的实施会有公民与社会组织的监督与制约。在治理理论有效适用的压力之下,同时亦有全球治理的外部压力,党只有担当执政责任,才能与公民、社会组织形成良性互动,才能获取维系执政合法性的资源。

传统的二分思维之下,只有在要件全部满足的情况下,治理理论才能有效适用。在这一思维的影响之下,得出治理理论不能适用、无法"移植"的结论不足为怪。而按照这种思维,马克思主义同样亦不能适用于中国。因此,本书认为,纠缠于要件的绝对满足无益于治理理论的有效适用,更加使得现代制度建设与完善缺乏推动因素。"要了解哪些因素可以产生作用,而不是纠缠于那些治理的障碍。"①

第二节　结构、方式与责任

一如上文所指,当代中国学术界对治理理论的考察有如下情况:其一,有研究者认为,治理理论之有效适用可以从该理论衍生的西方语境来认知。西方语境下,需要在满足一些基本条件之后,治理理论才可以得以有效适用。这些条件包括成熟的社会、健全的民主与法治制度等。正是从这些条件出发,该研究取向认为,治理理论根本无法在当代中国有效适用。相应地,与治理理论密切勾连的市民社会理论、民主与法治理论都是无法适用于当代中国的。其二,有研究者认为,治理理论可以在当代中国得以适用。但对于如何适用却语焉不详。这反映出当代中国学术研究的一种研究取向:谁能更快地翻译西方学术的前沿,并用代表前沿的生搬硬套的话语体系解释中国现实,谁就是"先进""领先"。而对于"前沿""话语"的真实意指,特别是"中国现实"宏观层面的真实情况,则关注不足。②这样容易使得治理理论的实践带有个案性质,偶然性明显,更加难以推广。本书

---

① 王诗宗:《治理理论及其中国适用性》,杭州:浙江大学出版社,2009 年,第 142 页。

② 诚然,不否认学界从基层与微观层面对治理理论适用之中国现实的解读,已经取得了一定的成绩。同样不容忽视的是,学界缺少对县及以上层面治理理论适用的考察,为数不多代表性的作品有毛寿龙的《现代治道与治道变革》(《南京社会科学》2001 年第 9 期,第 44－47 页。)、何增科的《治理、善治与中国政治发展》(《中共福建省委党校学报》2002 年第 3 期,第 16－19 页。)、杨雪冬的《市场发育、社会生长和公共权力构建:以县为微观分析单位》(河南人民出版社,2002 年)、孙柏瑛的《当代地方治理:回应21 世纪挑战》(中国人民大学出版社,2004 年)、燕继荣的《治民・治政・治党——中国政治发展战略解析》(《北京行政学院学报》2006 年第 1 期,第 15－20 页。)等。而且,对基层治理的研究由于脱离了宏观层面的支撑与呼应而经常落于失败,这可能也是有些学者在研究基层治理之后转而研究更为宏观层面问题的缘由。

认为，基于当代中国现实考察结构、方式与责任展开论述是推进治理理论有效适用的基本步骤，是对当代中国治理理论研究偏差取向的纠正。

一、治理理论有效适用的结构：主体与设置

治理理论有效适用的最核心诉求是权力的多中心化。相应地，导致主体多元化、方式多样化与责任模糊化。治理理论有效适用的结构是由多元主体及其设置组合而成。"社会结构不是社会生活本身。它是在某一历史阶段中占主导地位的形式化、社会化的人与人之间关系的总和。"①本书认为，治理理论有效适用的结构首先是指公共治理主体的基本组成，其次是指这些主体之间关系的基本设置。

第一，结构之主体：多元主体。上文所指，治理理论的最核心诉求是权力的多中心化。社会结构的基本依托是人及其依附的组织。社会转型是社会结构替代的过程。社会结构替代需要多元主体。多元主体主要有政府（在不同政治语境下，"政府"有不同的展示形态。诚然，就治理理论理论衍生来看，用"政府"一词是必要而恰当的）、执政党及公民（其中有公民代表、政治家等不同界分，而他们首先是公民）、社会组织。首先，当代中国治理理论有效适用结构中首要主体是执政的中国共产党。当代中国语境下，治理理论有效适用的基本现实是高度一元化的政治与行政。因此，基于执政的中国共产党来考察治理理论有效适用是基本立足点。诚然，上文已经论及，政府是治理理论衍生的基本载体。西方语境下，公共行政经历了从统治到管理再到治理的变迁历程。在政治与行政二分的局面下，政府是承载公共行政变迁的绝对主体，其经受了公共行政变迁的全过程。这是与当代中国局面不同的。其二，公民与社会组织是公共治理多元主体之一。治理与统治、管理最本质的区别在于主体的类型与性质。传统公共行政中，特别是统治语境下，政府是绝对主体，甚至是唯一主体。而治理时代，虽然依然需要权威，但政府已经不是唯一的权威主体了。互动式的关系取代了原有的自上而下的关系。但这是应然状态。国内的治理理论研究对此有充分关注和阐释。我们知道，高度一元化背景中，国家权力一直处于强势地位，对社会有广泛而又全面的渗透。这使得公共治理出现如下困顿局面：一方面，由于作为多元主

---

① 金观涛、唐若昕：《西方社会结构的演变——从古罗马到英国资产阶级革命》，成都：四川人民出版社，1985 年，第 126 页。

体主要一极的公民与社会组织缺乏自组织的能力,对治理理论的有效适用缺少基本的共识理念与驾驭能力,"统则死,放则乱"时常出现。另一方面,"从主体在合作中的地位和作用来看,中国式的合作治理表现为市场和社会围着政府转、地方政府围着中央政府转、下级政府围着上级政府转的集中化、主导型治理格局"①。这种治理格局具有行动效率高、协调能力强等优点,但亦有脆弱性强、替代性差等弱点。特别是在公民与社会组织缺乏自组织能力的情况下,治理的核心与压力全部集中于中央,容易滋生权力匮乏与失效的局面,往往会产生中央在公共治理过程中力不从心、大而失当。总的来看,当代中国,治理理论有效适用的基本结构是"党委领导、政府负责、社会协同、公众参与"。这是与国情基本吻合的。但同时,如果要成功实现治理理论的有效适用,必须使无限泛化的国家权力得到控制,使社会的自组织能力得以提高,使国家与社会在法治与民主的结构设置内运行。

第二,结构之设置:法治与民主。法治与民主是保障多元主体有效行为的基本设置工具。绕过法治与民主奢谈公共治理是没有意义的,最终只能使得公共治理成为统治与管理的翻版。治理理论有效适用应该与如下内容有交叉:①法治,保障公民权利不受公共权力的侵害;②公共部门管理,改善公共物品和服务提供的有效性与公平性;③政务信息公开,使得公民能够有效地参与公共政策过程;④政治合法性,促进公民的政治认同和集体行动的多样性;⑤对人民负责,满足社会日益增长的公共需求。② 可见,其中最核心的应属法治。如果缺失法治,其他几点都会成为空谈。现代社会,法治是对公共权力的规约,是对公民基本权利的保障。法治是公共治理结构设置的基本工具之核心。现代意义上的法治"是一种治理状态或秩序,在这一治理状态中,存在着法的普遍性和有效适用性,法律之于政府权力具有优先的、至上的权威。或者说,政府应由法律规则并服从法律,最终使公民的自由权利得到维护、保障并扩大"。③ 随着法治的建立与健全,对公民基本权利保障的完善,公民与社会组织逐步成长与成熟,民主化的要求自然会逐渐扩张开去。这说明民主是个渐进的过程。当然,民主同时是个不能阻挡的过程。这里无意也无力对民主做过多解读。本书想说明的是,治理理

---

① 麻宝斌等:《十大基本政治观念》,北京:社会科学文献出版社,2011年,第237页。
② 张昕:《转型中国的治理与发展》,北京:中国人民大学出版社,2007年,第25页。
③ 张成福:《面向21世纪的中国政府再造:基本战略的选择》,《教学与研究》1999年第7期,第3-5页。

论有效适用的过程必将是民主不断扩大的过程。公共治理的基本要义是多元主体的平等参与，这与民主的含义是吻合的。而治理理论有效适用的结果是民主治理，"意味着：（一）人民的人权和基本自由受到尊重，容许他们有尊严地活着；（二）人民在影响他们的生活的决策中享有发言权；（三）人民能够使决策者为其决策负责；（四）处理社会互动行为的规则、制度和惯例具有包容性而且公正；（五）在公私生活领域和决策中，妇女和男子是平等的伙伴；（六）人民免受局域种族、民族、阶级、性别或其他任何形式的歧视；（七）当前政策反应后代发展的需求；（八）经济和生活政策符合人们的需要和愿望；（九）经济和社会政策致力于消除贫困，并扩展所有人在其生活中的选择。"[①]总之，民主是法治的基本指向，法治是民主的基本保障。在法治与民主不断完善的语境下，对治理理论有效适用的论证将实现由制度层面向技术层面的转变。到那时，当前国内学术界对治理理论当代中国有效适用具体策略研究的意义才能充分彰显。这从一个侧面反映出当前国内学术界普遍存在的后现代主义研究倾向。

本书将多元主体确定为治理理论有效适用结构之根本，意欲指出，即便在初期结构设置是以不够法治与不够民主的形式进行的，随着多元主体的不断成长与成熟，结构设置的形式也会逐渐地发生转变。法治与民主会渐次成为多元主体的基本诉求。

二、治理理论有效适用的方式：整体性治理与网络化治理

治理理论有效适用的核心在于多中心的权力。对于权力的多中心化有多种划分方式。比如，体制内部与体制外部之分，政府内部与政府外部等。本书认为，治理理论是以政府为元治理主体的理论形态，所以基于政府进行多中心权力的划分是可行的。以政府为基点，本书截取了当前颇具影响的整体性治理与网络性治理作为治理理论有效适用的两种方式加以论述，试图通过这一过程来阐释其中应该注意的问题[②]。诚然，由于当代中国政治与行政高度一元化，故此，这里的"政府"包含着执政党的意涵。

其一，整体性治理：基于政府内部的公共治理。所谓整体性治理，是指面对

---

① 联合国开发计划署编写：《2002 年人类发展报告：在破碎的世界中深化民主》，北京：中国财政经济出版社，2002 年，第 3 页。

② 刘波、王力立、姚引良：《整体性治理与网络治理的比较研究》，《经济社会体制比较》2011 年第 5 期，第 134－140 页。

过去政府功能过于分化所产生的协调不良、沟通不易、资源浪费、无法根本解决人民及社会重要问题的缺失,强调在不可避免的专业分工下,要运用预算、管理技术及信息科技,将不同层级、不同功能以及公私部门整合起来,提升提供无缝隙服务的能力①。整体性治理主要发源于以英国为代表的西方各国。英国布莱尔政府出于对官僚制缺陷的克服,同时对新公共管理市场化带来问题的超越,采取了"第三条道路",以整体性思维推进公共服务领域的改革,提出构建"协同性政府",其基本目标指向是使得各自为政的政府部门走向整体性运行。在整体性治理中,治理理论的基本诉求在整体性治理这里集中体现在政府对治理工具的选择与运用上。一般来说,政府的治理工具分为:以市场为核心的治理工具和机制(如民营化、契约承包、特许经营等),财政性工具与诱因机制(如税收、补贴等),管制性工具与权威机制(法律法规),政府直接生产或者提供公共产品与非市场机制(如社会保障、义务教育、国有企业、公共工程等)②。公共治理要求的是政府对上述诸多工具的综合运用。比如,在 2012 年 3 月 19 日召开的第十三次全国民政会议上,时任国务院总理温家宝指出,政府的事务性管理工作、适合通过市场和社会提供的公共服务,可以适当的方式交给社会组织、中介机构、社区等基层组织承担③。这是政府运用多种治理工具的体现。对于当代中国治理理论有效适用而言,整体性治理的主要意义在于对多种治理工具的运用。

但基于政府内部的整体性治理方式的主要弊病在于实施与否的主动权完全掌握在政府手中。整体性治理方式的实施必定会带来原有利益的变动与调整,这使得实施的动力不足。同时,不同政府层级之间、不同政府部门之间的资源也会随着整体性治理方式的实施而发生改变。即便在受到外部较大压力的情况下实施了整体性治理方式,也可能会受到来自既得利益的阻碍,而由于必要的监督,阻碍又无法得到及时有效的清除。正因为如此,本书认为,整体性治理能否成为一个替代性的治理方式是令人怀疑的。

其二,网络化治理:着眼政府外部的公共治理。网络化治理并非是仅指基于互联网(internet)的治理,而是基于网络(network)的治理,是"一种全新的通过

---

① 竺乾威:《从新公共管理到整体性治理》,《中国行政管理》2008 年第 10 期,第 52—58 页。
② 参见张璋:《理性与制度——政府治理工具的选择》,北京:国家行政学院出版社,2006 年。
③ 陈郁:《充分发挥社会组织作用》,《经济日报》2012 年 3 月 22 日第 3 版。

公私部门合作，非营利组织、营利组织等多主体广泛参与提供公共服务的治理模式"。① 治理理论发端于西方企业内部的改革，是公司治理或企业治理在公共领域的体现。诸如 20 世纪七八十年代美国发生的退休金治理的改革，从集中于企业领导持股的透明化，继而扩大到整个企业的经营管理，衍生了"公司治理"或"企业治理"的理念②。从缘起来看，即便是公司或企业内部一项具体制度的改革，也必须立足整个公司或企业展开。借由与超越公司治理或企业治理的公共治理本质意义上应该是着眼于整个社会进行的。网络化治理契合了这一意义。网络化治理改变了公共部门运行的方式，使得公共政策目标不再仅仅依靠公共部门及其官员而是依靠他们雇用与管理的政府外部的"合作伙伴"来实现。

单中心的"碎片化"（fragmentation）的治理使权力分散化、体制分裂化，导致部门主义、地方主义盛行。网络化治理利用伙伴关系、协议与同盟形成政府、公民与社会组织等多元主体共同开展公共治理的模式。在网络化治理中，公民、社会组织及其之间结成网络结构。网络化治理中的政府并非传统公共行政中的权力中心，它受到公民与社会组织有力的约束。网络结构是开放的、延展的，以非等级的形式排列。我们知道，公共治理的核心价值理念是权力中心的多元化。可见，对当代中国而言，整体性治理的意义主要在于多种治理工具的运用，而网络化治理更加凸显了对多元主体的追求。诚然，与整体性治理一样，网络化治理的有效推进需要多元主体的成长与成熟，同时它们也依赖于多元主体对责任的认知与担当。

三、治理理论有效适用的责任：政府责任与公民责任

对"责任"的认知众说纷纭。比如，可以将之划分为"积极责任"与"消极责任"。所谓"积极责任"是指责任主体自觉、自愿、主动承担的责任。而"消极责任"则昭示的是对不符合社会规范的行为给予的谴责与制裁③。亦可以立足法学视域将"责任"的基本含义做如下解析：其一，分内应做的事，实际上是角色义务，如"岗位责任""尽职尽责"等。其二，特定的人对特定事项的发生、发展、变化

---

① 何植民、齐明山：《网络化治理：公共管理现代发展的新趋势》，《甘肃理论学刊》2009 年第 3 期，第 110－114 页。

② 申剑、白庆华：《治理理论及其评价》，《广西大学学报（哲学社会科学版）》2006 年第 6 期，第 74－79 页。

③ 麻宝斌等：《十大基本政治观念》，北京：社会科学文献出版社，2011 年，第 118－119 页。

及其成果负有积极的助长义务,如"担保责任"。其三,没有做好分内之事或没有履行助长义务而应承担的不利后果或强制性义务,如"违约责任"①。等。本书认为,统合来看,治理理论有效适用中的责任首先应该为一种"消极责任",是多元主体分内应做的事,是角色义务。这是最基本的要求。治理理论有效适用中,政府与公民都有责任。这种责任关涉到公共治理是否可以有效推进,是在公共领域中彰显与体现的责任,是公共责任。治理时代,首要的公共责任主体依然是政府。"治理意味着在为社会和经济问题寻求解决方案的过程中存在着界限和责任方面的模糊性。"②同时,原本由国家独立承担的责任会转移给社会,进而导致国家与社会之间、公共部门与私人部门之间责任模糊不清。责任的模糊性使得治理理论有效适用有陷入困境的危险。

其一,当代中国治理理论有效适用中的政府责任。政府在公共治理中必须承担元治理角色,要始终维护公共利益。"元治理有制度的和战略的两个方面。制度上它要提供各种机制,促使有关各方面集体学会不同地点和行动领域之间的功能联系和物质上的相互依存关系。在战略上元治理促进建立共同的远景,从而鼓励新的制度安排和新的活动,以便补充和充实现有的治理模式之不足。"③这在两个层面对政府提出了责任要求:首先,作为元治理角色,政府必须要创设有利于公共治理的制度与机制。这种制度与机制可以整合不同治理主体的利益诉求与政策主张,可以推促多元主体的生存与发展,可以救济不同主体受到损害的利益。其次,政府必须积极应对社会变迁所引起的治理变革,能够对多元主体的制度创新给予吸纳。同时,我们以为,必须对不同语境下的政府治理责任做不同思索。对于市民社会比较发达的西方世界来说,消极责任在责任中所占比例要较后发国家大得多。而在当代中国,治理理论有效适用过程中,政府的治理责任则应该是积极责任与消极责任的有机结合与统一。政府必须积极引导多元主体在公共治理中作用的有效发挥。

其二,当代中国治理理论有效适用中的公民责任。治理理论是为了应对"市场失灵"与"政府失灵"而兴起的。有理由进一步发问,是否也有社会失灵呢?因此,作为推动治理理论有效适用的主要行为主体之一的公民也必须承担相应责

---

① 张文显:《法学基本范畴研究》,北京:中国政法大学出版社,1993年,第184页。
② 俞可平主编:《全球化:全球治理》,北京:社会科学文献出版社,2003年。
③ [美]鲍勃·杰索普:《治理的兴起及其失败的风险:以经济发展为例的论述》,载俞可平主编:《治理与善治》,北京:社会科学文献出版社,2000年,第79页。

任。"作为确定的人……就有使命，就有任务。至于你是否意识到这一点，那都是无所谓的。这个任务是由于你的需要及其与现存世界的联系而产生的。"①公民是现代国家的基本缔造者。公民及其依附的社会组织是治理理论有效适用的基本主体。治理理论有效适用的过程同时亦是公民不断承担公民责任的过程。现代国家，公共权力提供公共物品与服务的过程中存在一个有趣的现象：随着权利意识的增强，公民对于公共权力的扩张有天然的排斥，乃至到了对公共权力有一种"反感"的程度。但是，公民同时又对公共权力提供公共物品与公共服务时刻提出要求。特别是在高度一元化的背景下，公民对公共权力的判断往往带有很多价值的色彩，将政治、行政与道德混为一谈。因此，这种情势下，公共权力不得已需要应付许多要求，有些甚至是不合理的要求。只有通过要求公民承担治理中的公民责任，使其能够认识到自身在公共治理中所处的主体地位，才能摆脱公共行政的困境。

第三节　持守、均势与秩序

治理是使相互冲突的利益或不同利益得以调和并采取联合行动的持续过程，同时亦是各种公共和私人的机构管理其共同事务的诸多方式的总和。② 治理理论有效适用的核心要件为行为主体的多中心化。多中心行为主体有效适用治理理论的持守，治理理论有效适用中多中心行为主体均势，以及依托持守与均势建构起来的秩序，是不论何种意义的治理理论有效适用研究都无法忽视的议题。

国内学界对当代中国治理理论的研究有脱离语境的倾向，一如其他可以汲取西方学术先进的研究。"……近年来公共管理学科的发展如火如荼，许多政治学学者加入到公共管理研究的行列，人们越来越重视对公共事务、公共行政和公共政策的探讨。"但是，形成鲜明对比的是，"政治学自身的许多领域却少有人问津……"③诚然，我们并非否认公共管理学科发展的重大意义，而是试图指出，公

---

① 《马克思恩格斯全集》第 3 卷，北京：人民出版社，1960 年，第 329 页。
② 王诗宗：《治理理论及其中国适用性》，杭州：浙江大学出版社，2009 年，第 42 页。
③ 当代中国面临着"公共"与"管理"双重匮乏的状况，既需要加强对"管理"问题的研究，也需要（甚至更需要）加强对"公共"问题的研究，并使两者有机统一。参见胡伟：《总序》，载陈尧：《新权威主义政权的民主转型》，上海：上海人民出版社，2006 年，总序，第 2 页。

共管理学与政治学无法分离。公共管理问题的根本性解决要依赖政治体制改革和民主政治的推进。因此,必须时刻牢记公共管理学的政治学基础地位,深入挖掘公共管理学的政治学基础性作用,将公共管理学与政治学研究结合起来。

一、治理理论有效适用的持守:实现公共利益

无论是过程意义,还是结果意义,治理理论的有效适用不能建立在空中楼阁之上。治理理论的有效适用只能依靠政府、私营部门、第三部门、公民等行为主体。而对多元行为主体的依仗并非代表着治理理论有效适用的持守在于维护其单独的利益诉求,虽然这些利益诉求同样亦是必须关注的焦点之一。"治理的目的是在各种不同的制度关系中运用权力去引导、控制和规范公民的各种活动,以最大限度地增进公共利益。"①不过,对公共利益做简明扼要的界定是十分不容易的。典型的定义如,"公共利益是指在特定的社会历史条件下,从私人利益中抽象出来能够满足共同体中全体或大多数社会成员的公共需要,经由公共程序,并以政府为主导所实现的公共价值。"②这一典型定义统合的"公共利益"之要件有:"特定的社会历史条件""私人利益""共同体""公共需要""公共程序""政府主导""公共价值"等,足见"公共利益"内涵界定之复杂。而且,对公共利益真切的感受更明显与突出地体现在现实生活中。本书无意亦无力介入公共利益内涵界定的争议,只是试图立足当代中国实际,通过拒斥有违于实现公共利益的现象来彰显对其的理解与认知。虽然这不带有全面性,无法面面俱到,但却具有紧迫性,具有现实意义。

其一,不能以个人利益、群体利益吞噬公共利益。实现公共利益是当代中国治理理论有效适用的持守。公共利益观念决定了治理理论适用的走向。"探讨公共利益的观念并不只是一种有趣的学术追求。我们对治理和公共利益的思考方式规定了我们的行为方式。"③从应然角度来看,当代中国秉持与践行社会主义的价值理念,将有助于实现个人利益、社会利益与国家利益的统一。

由于路径依赖,既得利益凭借手中的权力试图将以个人利益、群体利益吞噬

---

① 俞可平:《引论:治理与善治》,载俞可平主编:《治理与善治》,北京:社会科学文献出版社,2000 年,第 5 页。

② 张方华:《公共利益范畴的歧义性与准确界定》,《云南行政学院学报》2010 年第 4 期,第 101-104 页。

③ [美]珍妮特·V.登哈特、罗伯特·B.登哈特:《新公共服务:服务,而不是掌舵》,丁煌译,北京:中国人民大学出版社,2004 年,第 65-71 页。

公共利益制度化、法治化，这将进一步危及治理理论有效适用，甚至影响到全面深化改革的推进。以个人利益、群体利益吞噬公共利益成为治理理论无法有效适用的阻梗。

其二，不能以意识形态之争掩盖利益之争。"当改革的具体做法或者经济工作出现失误，群众的利益受到某些损害，而群众又误认为是改革损害了他们的利益因而对计划经济时代产生某种'怀旧'情绪的时候，他们往往不自觉地变成保守倾向的支持者；而保守力量这时又因为自己的某些主张获得了群众的共鸣而活跃起来，对改革采取一种进攻的姿态。"[①]通过将实质上的利益之争转移到意识形态之争上，使得普通民众对问题本质的认识产生偏差，被利用作为谋取个人利益、群体利益的工具。比如，在如下问题上，人们存在分歧："行政审批要不要尽量减少，利率要不要逐步放开，汇率要不要实现并轨；商品价格和要素价格应不应该在条件具备时果断地放开；国有企业的改革应当以放权让利为核心还是以制度创新为基础⋯⋯。"[②]这些分歧及争论通常以意识形态之争的方式，以"要不要改革""要什么样的改革"等形式来体现，其背后根源是不同利益群体对利益的争夺。对于可以从传统计划经济中获利的群体，以及可以从体制间隙和漏洞中获利的群体来说，回到原有体制或保持现有体制，是他们的追求。传统计划经济体制下，政府是绝对的治理主体，其他个人与组织完全被政府所统摄。现有转型体制下，虽然社会逐渐成长，但还不够成熟，保证社会成长与成熟的法治民主体制未能得以有效建立与健全，多中心这一治理理论有效适用的核心要件自然无法有效形成。

如何破解治理理论有效适用的阻梗，促进公共利益的实现，是摆在面前的一个迫切任务。试图从一元主体的角度，仅仅依靠政府来完成这一任务是不现实的。[③] 这已为现实所证实。治理理论有效适用的核心要件是多中心作用的发挥。要使得多中心作用得以有效发挥，基本前提是多中心之间是均势的。只有多中心行为主体均势，才能使治理理论有效适用成为可能，才能实现公共利益。

---

① 吴敬琏：《呼唤法治的市场经济》，北京：生活·读书·新知三联书店，2007年，第16页。

② 吴敬琏：《呼唤法治的市场经济》，北京：生活·读书·新知三联书店，2007年，第17页。

③ 有学者将"增强各级政府政策公共性的对策"归结为最大限度地削减政府微观管理的权力；加强政府部门之间的制约；进行行政伦理建设；加强上级对下级的监督；尽可能加强人大对政府的监督；改革税制；实行财产公示制度；实行人民群众评议政府制度；允许媒体监督政府；改革政府采购制度、审批制度、政务和信息公开制度等。参见李景鹏：《论政府政策的公共性》，载徐湘林主编《中国国情与制度创新》，北京：华夏出版社，2004年，第11页。

二、治理理论有效适用的均势：主体与保障

治理理论有效适用的核心机制是基于信任的合作，而非控制。信任与合作是多中心行为主体有效行为的基本机制。合作与单纯的社会协调活动是不同的。① 治理理论有效适用中，平等是基本取向。但国内学界对治理理论之"治理"与传统使用的"政府治理"时常混淆使用，将前者仅仅看作是政府治理的基本手段与工具，这是与治理理论的基本价值理念相违背的。当然，我们依然需要指出的是，治理理论有效适用离不开政府主导作用的发挥，尤其是在当代中国。

其一，当代中国治理理论有效适用的均势主体：政府、私营部门、第三部门、公民。亚当·斯密对政府基本职能的界定是：保卫本国社会不受其他独立社会的侵略与欺侮；尽可能保护社会所有成员不受其他成员的欺侮或压迫，即设立严正的司法机构；建立和维持某些对于一个大社会当然是有很大利益的公共机构和公共工程。② 政府如若做不到以上几点，就是失职，就是对治理理论有效适用的阻梗。

同时，政府不能垄断一切合法的权力。政府之外，私营部门、第三部门、公民也应该承担起维持秩序、参与经济与社会管理的职责。治理绝非政府的专利，私营部门、第三部门、公民都可以进行治理。治理理论的有效适用就是要"重新塑造公共服务，以便使政府能够集中处理服务管理和协调的事务，而由那些私有的、营利的或非营利的组织去从事具体的服务活动"。③ 发挥政府、私营部门、第三部门、公民的多中心作用是治理理论有效适用的要义。有效公共治理的能力并不在于政府权力。政府应该做的是运用新的工具和技术，控制和引导私营部门、第三部门、公民去治理，这是政府的能力与责任所在。需要注意的是，此处的私营部门、第三部门、公民作用发挥的不是通过控制实现的，而必须是借助合作形式。治理理论之"治理"与我国社会生活中存在的"社会治安综合治理"之"治理"是根本不同的。"社会治安综合治理"之"治理"是控制基础之上的协调。

其二，当代中国治理理论有效适用的均势保障：法治与民主。治理理论有效适用就是指多个权力中心治理公共事务，提供公共产品与公共服务，实现公共利

---

① 孔繁斌：《公共性的再生产——多中心治理的合作机制建构》，南京：江苏人民出版社，2008年，第63页。

② ［英］亚当·斯密：《国富论》，唐日松等译，北京：华夏出版社，2005年，第507、508、516页。

③ ［美］海伦·英格兰姆、斯蒂夫·R.史密斯：《新公共政策——民主制度下的公共政策》，钟振明、朱涛译，上海：上海交通大学出版社，2005年，第1页。

益。因此，这意味着利益结构的调整，会使得既得利益产生抵制，进而使改革过程变得艰辛与复杂、反复。这从一个侧面印证了当代中国改革，尤其是政治体制改革的事实与现状。要保障当代中国治理理论有效适用之多中心行为主体均势的生成首先需要施行的是法治。对此的阐释贯穿全书。

法治关涉到对公共治理之主体是"一视同仁"还是"区别对待"，民主关涉到公共治理之主体关系的构建是"一步到位"还是"循序渐进"。诚然，对于"一步到位"究竟到哪里，人们还有争议，但对于如下事实在当代中国的存在，应该不会有不同的声音："如果说以市场经济体制的确立为标志我国在经济发展领域已取得了实质性突破的话，那么在政治发展方面则相对滞后，腐败现象猖獗而尚未得到有效的抑制，权力制约没有取得结构性突破，决策民主化缺乏具体的制度安排，党群和干群关系趋于紧张，政治调控机制衰变与老化，公共权力的越位和缺位凸现"，这些不能不说与"民主不够和集中不够并存"[1]有着密切的关系。治理理论的有效适用只有在法治与民主的条件下才能真正实现。西方发达国家语境下，治理理论的兴起与人们对代议制民主的批评有关。"精英主义、新保守主义和多元主义有许多一致的信念和共同点，例如它们都认为公民个人在民主体制中的可能作用是微弱的……"[2]但治理理论还不至于成为代议制民主的替代——这也并非它的追求。在民主理论意义上，治理理论的贡献更多体现在它对参与式民主的强调与检验。这与当代中国在民主问题上的现实诉求有契合之处。

三、治理理论有效适用的秩序：双重意义与多重建构

"秩序既是政府统治的前提条件又是政府统治的结果。它们之间不存在孰先孰后的问题，它们互为解释。没有秩序就没有治理，没有治理也没有秩序（除非一定时期的混乱也被认为是秩序的某种形式）。"[3]治理是意向性基础之上的秩序建构。此处的"意向性"指称"以何为持守"，"何种关系的行为主体"从事建构。

其一，当代中国治理理论有效适用的秩序：现代性与后现代性双重意义上。西方适用治理理论的前提是经历了市场失灵与政府失灵。更进一步的前提是市

---

① 胡伟：《总序》，载陈尧：《新权威主义政权的民主转型》，上海：上海人民出版社，2006年，总序，第1页。
② 王诗宗：《治理理论及其中国适用性》，杭州：浙江大学出版社，2009年，第42、69页。
③ ［美］詹姆斯·N.罗西瑙主编：《没有政府的治理》，张胜军、刘小林等译，南昌：江西人民出版社，2001年，第3、8页。

场经济体制与现代民族国家制度的建成。当代中国是在社会主义市场经济体制不健全的"市场失灵"与社会主义法治民主不健全的"政府失灵"基础之上推动治理理论的有效适用。我们在未能充分经受现代化的洗礼之时被"抛入"了后现代。这同时也是治理理论给予我们的基本启示——"治理理论体现了现代性与后现代性的某种交融。"①

现代性意义上,当代中国治理理论有效适用的过程中至少需要同时积极促进现代民族国家制度的建成,这其中包含着建立与完善现代官僚制、建立与健全法治与民主制度、引导社会成长与成熟、维护国家的主权和领土完整②等。而在后现代性意义上,治理理论的有效适用蕴含着对代议制民主的批判,意味着对官僚制的超越。治理理论全球范围的适用更带有消解主权国家的色彩。如何处理好现代性与后现代性之间的关系,是当代中国治理理论有效适用之秩序建构首先需要应对的课题。本书认为,全球化背景下,治理理论的适用已经成为既定事实,回避不是理性的选择,也不现实。而治理理论有效适用的基础同样亦是不能回避的。可能的选择只能是从双重意义上推进当代中国治理理论的有效适用。同时,一定意义上,当代中国治理理论有效适用的过程也是对其要件建成的倒逼。

其二,当代中国治理理论有效适用的秩序:多重途径的建构。一如前文所指,当代中国治理理论有效适用具有现代与后现代双重意蕴。而"现代性孕育着稳定,而现代化过程却滋生着动乱"。③ 当代中国要想成功应对来自现代化转型的压力与挑战,有效适用治理理论,建构稳定的秩序,可能采取的基本途径有政府管理、社会、合作网络④等。

---

① 郁建兴、刘大志:《治理理论的现代性与后现代性》,《浙江大学学报(人文社会科学版)》2003 年第 2 期,第 5 - 13 页。

② 当代中国治理理论有效适用同样需要外部环境的支持,全球化、网络化与社会转型形成了较强的压力与挑战。如何使压力与挑战转变为机遇是对当代中国,尤其是执政党的重大考验。鉴于这一问题不是本书考察的内容,故不展开分析。

③ [美]亨廷顿:《变化社会中的政治秩序》,王冠军等译,北京:生活·读书·新知三联书店,1989 年,第 38 页。

④ 英国学者罗伯特·罗茨则将"治理的用法"归结为六种:作为最小的国家、作为公司治理、作为新公共管理、作为"善治"、作为社会——控制系统、作为自组织网络。政府管理途径的治理主要是指作为最小国家的治理、作为新公共管理的治理与作为"善治"的治理;公民社会途径的治理主要是指作为自组织网络的治理;合作网络途径的治理主要是指作为社会——控制系统的治理。参见[英]罗伯特·罗茨:《新的治理》,载俞可平主编:《治理与善治》,北京:社会科学文献出版社,2000 年,第 86 - 96 页;陈振明主编:《公共管理学——一种不同于传统行政学的研究途径》,北京:中国人民大学出版社,2003 年,第 81 - 88 页。

其中,将政府管理等同于治理途径的观点认为,政府治理具体而分为作为最小国家的管理活动治理、作为新公共管理的治理、作为善治的治理。这种途径建构的秩序是带有明显西方自由主义色彩的,未能对后发展国家的实质做出准确的把握,最终有背离原有治理目标的风险。社会自组织途径观点认为,治理是社会的自组织网络,是社会在自主追求共同利益的过程中创造的秩序。但是,同样不容忽视的是,社会的成长与成熟需要现代民族国家的建成作为支撑。理想状态是两者的良性互动。良性互动的具体承载是网络途径。网络途径的治理要求对政府干预的范围与形式做出准确界定,促动政府、私营部门、第三部门、公民通过合作利用市场或准市场的方法提供公共产品与公共服务。这一途径强调社会自组织能力及社会与公共权力之间平等的法律地位,其可以通过民主对公共权力形成有效制约。这从一个侧面体现出秩序与持守、均势的密切勾连关系。公共利益的实现需要多中心行为主体均势。当前,实质上仍未真正达到多中心行为主体均势。偏离持守与未竟均势使得治理秩序建构意义显著。而秩序的建构关系到治理理论适用的未来持守与均势走向。持守、均势与秩序在逻辑上是相互关联的。

一般认为,"治理危机"首先出现在世界银行对非洲情形的描述中。此后,特定含义的"治理"被广泛地应用于政治发展研究之中,特别是被用来描述后殖民地和发展中国家的政治状况。[①] 可见,自缘起之日,治理理论的有效适用就与后发国家的政治发展密切勾连。无视这种关系的治理理论研究只能陷入空谈。这从一个层面也揭示了当前国内治理研究的悖论:表面上火热,但实际上,实用性较差。这里对当代中国治理理论有效适用之持守、均势与秩序的研究既是出于对公共管理学科政治学基础的强调,也是试图在学术研究上对偏差研究倾向的纠正。

---

① 俞可平:《引论:治理与善治》,载俞可平主编:《治理与善治》,北京:社会科学文献出版社,2000年,第1页。

第四章

当代中国国家治理现代化：语境、理解与底蕴

第一节　全面深化改革视域中治理理论有效适用

治理是"运用权威维持秩序以满足公众的需要。治理的目的是在各种不同的制度关系中运用权力去引导、控制和规范公民的各种活动，以最大限度地增进公共利益"。① 理论蕴含着理论家对所处时代和现实特有的问题意识，这种问题意识规定着理论的基本内容。中西方的问题是不同的。西方世界的治理理论产生于对处理政府与市场、社会关系的需要。西方治理理论学者主张政府采取支持、保护与服务市场、社会的政策，而对于政府、市场与社会而言，至少基本的理念与机制已初步具备。与之不同的是，中国适用治理理论带有树立政府、市场与社会等多重权威的意蕴。现代民族国家、健康市场经济秩序与成熟社会同为公共治理的基本诉求。但不管怎样，不容忽视的是"治理"的基本意涵是主体多元性。成熟的多元主体是治理理论有效适用的核心要义。

对于"成熟"的理解与体现则彰显了政治发展的不同与特色。当代中国的"特色"之一在对治理理论的认知上就是无法脱离"全面深化改革"的基本视域。只有立足全面深化改革，清晰其需要应对的"问题"，才能对治理理论有效适用的逻辑有理性认识。概言之，对先进理论的有效适用，其逻辑理路应为以问题切入，以理论的核心要义为参照，倒逼问题的解决与本土理论的形成。对此的理性

---

① 俞可平等：《中国公民社会的兴起与治理的变迁》，北京：社会科学文献出版社，2002年，第531页。

认识是知识生成的过程。只有真"问题"才能触发真"知识"。而知识生成的基本方式有教育、传媒等以及由它们触发的公共事务的共同治理。对公共事务中滋生问题的成功应对倒逼改革。因此,鉴于主旨,本书对知识生成的阐述主要围绕公共事务的处理进行。

1978 年改革开放以来,"改革""深化改革""全面深化改革"成为耳熟能详的话语,成功重塑了普通中国人的生活。但是,与政治家与政治学者不同的是,民众对这些词汇的理解必然是与日常生活密切勾连的,这其中有纵向比较的因素,如与过往相比,"生活水平有了明显提高",但是,更主要的是横向的比较,横向的比较促生了明显的差距与相对的剥夺感。这必然涉及可以对社会资源进行权威性分配的政治性主体及其政策。

一、全面深化改革视域中治理理论有效适用的价值

基于上文的解析,笔者以为,当前政治生活中依然存在的亟待破解的"问题"主要体现在两个方面:一是如何确保高压反腐在内的公共政策的公共性与连续性。如何使公共政策不仅仅为了一部分人或群体的利益而服务,如何使好的公共政策不因为领导人的更替而中断。二是如何使广大人民群众都能从社会发展中获益。从公共治理的角度考察如上问题,根本上,就是作为一种职业的政治的常态化,虽然我们不能因此否认该职业的特殊性。显然"公共政策"是联系政治主体与非政治主体的纽带与中介。围绕全面深化改革、治理理论有效适用展开的知识能否生成直接影响到全面深化改革视域中治理理论能否有效适用。

第一,"全面深化改革"之"改什么与怎么改":当代中国治理理论有效适用的基本价值。"项目治国"①的基本背景之下,知识分子的确"富裕"起来,这无疑迎合了"让一部分人先富起来"的基本理念。但是,同样正是由于"项目制"带来了犬儒化倾向在知识分子群体中一定程度的弥漫:或机械引用西方理论中的只言片语,通过运用"调查研究、大数据研究、统计分析、博弈论以及形式化建模"②等研究方法,或"紧跟"政治话语,几乎完全"替代"了宣传部门的功能。对于"全面深化改革"之类议题之基本理解缺少必要的凝练。在提出"新常态"后,习近平总

---

① 我国在分税制改革之后,"各种财政资金开始以'专项'和'项目'的方式向下分配,而且这正越来越成为最主要的财政支出手段。"周飞舟:《财政资金的专项化及其问题:兼论"项目治国"》,《社会》2012 年第 1 期,第 1 - 37 页。这里借用"项目治国"的概念以分析当代中国知识生成的一种重要方式。
② 程同顺、杨倩:《政治学研究需要处理好的几对关系》,《人民论坛》2014 年第 17 期,第 24 - 26 页。

书记就曾经指出,新常态不是一个筐子,不要什么都往里面装。① 但将"治理"当作一个筐子,什么都往里面装的情况在"国家治理体系和国家治理能力现代化"提出以来普遍存在,比如有分析马克思主义经典国家治理思想者指出,"社会主义国家治理必须坚持党的总领导及党政分工原则,必须拥有一支素质优良的干部队伍,必须发挥人民群众的主体作用,必须实现法治化,必须弘扬先进的无产阶级文化与共产主义道德。"②这里的"治理"更换为"管理"、甚至祛除并无不妥,对当代中国治理需要应对的问题与语境缺少基本的把握。

笔者以为,"全面深化改革"应以破除公共治理中的既得利益进而塑造成熟的多元主体为指向。统治偏重等级色彩,而治理则凸显了平等色彩,只是中西方治理的不同表现在,中国是平等多元主体之下的分工共治,而西方则是竞争替代的。有效互动与有机嵌入是中国治理主体之间基本的关系形态。西方语境下,很多时候社会是作为政府的对立面而存在的。但中国社会组织的兴起、成长、走向成熟离不开政府的引导与扶持。发达地区的行业协会商会的发展与壮大提供了典型佐证,其同时弥补了政府的功能缺陷,促成了政府、市场与社会之间的良性互动。

第二,知识生成对多元主体培养的价值:基于"全面深化改革视域中治理理论有效适用"的基本理解。上文已经阐释了全面深化改革背景下,当代中国治理理论有效适用的基本要义。对"全面深化改革视域中治理理论有效适用"知识的生成关涉到我们对阻碍治理理论有效适用迫切需要应对因素的认识。笔者以为,这种因素是弱势群体作为公共治理基本主体的缺失。通过对西方国家从统治到治理的发展历程可以看出来,国家与社会(特别是民众)的关系经历了漫长的演变过程。国家与民众的矛盾有激烈对抗,亦有理性反思与调整③。社会主义国家公共治理必须是对资本主义国家公共治理的超越,应是多元主体之间的分工共治,而不是对立冲突。马克思将代替资本主义的共产主义社会称作"自由人的联合体",认为其应当是一个"以每一个个人的全面而自由的发展为基本原

---

① 习近平:《在省部级主要领导干部学习贯彻党的十八届五中全会精神专题研讨班上的讲话》,《人民日报》2016年5月10日第2版。
② 顾玉兰:《列宁社会主义国家治理思想及其当代启示》,《马克思主义研究》2015年第10期,第23-34+159页。
③ 朱天飚:《国家治理与新自由主义》,《学术月刊》2014年第7期,第16-20页。

则的社会形式"①。社会主义中国的公共治理应是以"自由人的联合体"为不懈追求,成功实现对西方治理理论借鉴、批判与超越的公共治理形态。"全面而自由的发展"应该惠及"每一个个人"。科学技术的日新月异与信息产业的突飞猛进在开放的大背景下给我们的生活带来了巨大变化,这使得对知识的需求与依赖越来越紧迫。应然层面,知识生成应该惠及所有社会群体。诚然,对知识的理解与运用,进而创造则会有差异。

但当下,"全面而自由的发展"并未充分惠及"每一个个人",尤其是弱势群体,这直接导致了治理理论有效适用基本主体的缺失。现有组织化与制度化权利救济方式对弱势群体的救助存在缺陷,而弱势群体自身的认知亦存在不足。这其中有管理上的原因,深层次同样属于知识生成的问题。本质上,个体层面而言,知识生成的基本持守是"人之为人"的底线伦理②。是否恪守"底线伦理"是判断主体是否是其所是的基本标准。无论具体到一个党员,一个领导干部,还是一个政党,一个国家,都应该有其自身的"底线伦理"。比如,主张"不可伤害、不可欺诈"、"权责相符"、职业操守这样一些基本道德规范是社会所有成员都应遵循的。再比如,下文强调党员的"底线"为党的纪律。如若知识生成不以此为持守,冲突怎能避免呢?! 这需要追索公共事务成功共同治理在知识生成中的作用。

二、治理理论有效适用:何为与如何

毫无疑问,中国是成功的。但我们不能因此而回避政治生活中的及作为治理理论有效适用基本视域的全面深化改革中的问题。应然层面,公共治理是通过政府、市场与社会等多元主体的有效沟通与互动解决如上问题的过程。在援引治理理论适用于中国实践时,本书以问题切入,以"多元主体"这一治理理论的核心要义为参照,探讨有效适用该理论的基本内涵。

第一,治理理论:普遍价值与中国特色。现代化进程中,中国人一直企图在中西之间较出优劣,结果却是经常在极端之间游走。笔者的看法是,为什么非要"争"出个孰是孰非,孰优孰劣呢? 同样的,为什么一旦出现一个公共治理的话

① 《马克思恩格斯文集》第5卷,北京:人民出版社,2009年,第683页。
② 何怀宏:《守卫底线伦理》,《人民日报》2015年2月16日第7版;周瑞金:《守卫我党的政治伦理底线》,《炎黄春秋》2011年第7期,第11-12页。

题,民众都急于做出是非善恶的评价,甚至上升到意识形态的高度? 对于个中原委,有的学者有从面子的角度对中国权力运作做了阐释①,有的学者从利益角度做出分析。实际上,治理理论中的"普遍价值"更多是基于底线伦理的角度提出来的,不是立足西方语境提出来的,虽然其的确先于我们总结了公共治理的一些普遍适用的价值。

笔者以为,公共治理更多是个实践性的问题。以对问题解决路径的引领与总结来倒逼理论的生成不失为一种可能的理路。治理理论当代中国的有效适用需要关注的基础性条件是,基于底线伦理的中国特色。笔者以为,"平衡"是这种"中国特色"的典型表现。需要强调指出的是,中国人所理解的"平衡","是指三个人以上的互动中,个人必须依照一种根据特定的情境而确定的标准来行动。虽然这个标准具有突生性、暂时性和多变性,但它一旦出现总是给互动中的每一个体施加心理压力,让该个体不能自愿地或自主地或按照其他标准来决定他自己的行动。""结果造成每一个体都意识到,只有自己依照这一标准尽可能地在做法上和别人相同,彼此的关系才能和谐和稳定。"②"特定的情境"下"确定的标准"给予互动中的个体"心理压力"是"平衡"在中国语境下产生的过程。这里的"特定的情境""确定的标准"与"心理压力"诸因素必定是当代中国全面深化改革背景下所特有的,直接促生了中国特色的"平衡"③。

第二,破除公共治理中的既得利益进而塑造成熟的多元主体:以公共事务的成功共同治理为抓手。上文已经指出,弱势群体作为治理主体的缺失是阻碍治理理论有效适用迫切需要应对的因素。这一阻碍的破解需要破除公共治理中的既得利益,塑造成熟的多元主体。在"全面深化改革成就大,但整体处于胶着状态格局没有变"④的背景之下,此刻的强势极有可能成为下一刻的弱势。我们知道,全面深化改革的核心是处理好政府与市场之间的关系,但中国几乎所有问题

---

① 翟学伟:《人情、面子与权力的再生产》第二版,北京:北京大学出版社,2013 年。

② 翟学伟:《人情、面子与权力的再生产》第二版,北京:北京大学出版社,2013 年,第 118 页。

③ 笔者一直试图通过对治理理论有效适用的阐释,探索西方公共管理理论本土化的可能路径。相对而言,社会学、心理学走在政治学、公共管理学前面。不过,本土化过程中需要共同面对的是"中国特色"的具体体现。在这里,笔者以为,"平衡"是"中国特色"的典型表现,提供了治理理论当代中国有效适用的"本土资源"。参见叶启政:《社会理论的本土建构》,北京:北京大学出版社,2006 年;杨中芳:《如何研究中国人:心理学研究本土化论文集》,重庆:重庆大学出版社,2009 年。

④ 汪玉凯:《全面深化改革成就大,但整体处于胶着状态格局没有变》,http://www.thepaper.cn/newsDetail_forward_1555421,2016 年 11 月 4 日。

的面对与解决最终都要归责于政府。政府在公共治理中表现出色，会被认定为理所当然，若是表现失当甚或出现错误，则有可能引起众怒。根本上，治理理论有效适用无法回避的是其核心要件的成长与成熟。当然，多元主体并非是公共治理的全部，内耗内斗亦可以是多元主体生存的基本形式，但没有多元主体，治理理论肯定无法有效适用，这一点是毋庸置疑的。

多元主体成长与成熟的可行之策是从基于底线伦理的中国特色出发推进多元主体共同治理公共事务。成功共同治理公共事务可以成为锻炼多元主体，促进"全面深化改革视域中治理理论有效适用"知识生成的基本渠道。自媒体时代，需要在维系底线伦理基本价值理念的基础之上，从中国实际出发成功共同治理公共事务，实现有效公共治理。公共治理的过程本身就是锻炼多元主体成长、成熟的过程，而对公共事务引发问题的回避只会进一步加剧整个社会的不安全感。通过问题倒逼改革，借由公共事务的成功共同治理推动多元主体的成长与成熟关键在于中国共产党作用的有效发挥。

三、执政依托与指归：治理理论有效适用的关键所在

意识形态是公共治理的重要内容，为公共治理提供了基本的方向指引。中国共产党的核心价值理念是"为人民服务"，这不仅仅是一句宣传口号，更应该落实到公共治理的每一个细节之中，关涉到治理理论能否得以有效适用。"祛魅"的时代，严重的腐败、制度敌视、逆反心理等诸多因素混合发酵使政治宣传显得乏力甚至有陷入"无解"境况的危险。如何重塑适应性的公共治理及其话语是治理理论有效适用的基本步骤。

第一，重塑适应性的公共治理及其话语。上文已经指出，治理理论核心要义是多元主体的成长与成熟。就中国而言，多元主体必须是党领导之下的。再用治理理论"中国特色"剖析，中国的公共治理是党领导之下多元主体通过合作治理实现"平衡"。

其一，公共治理的中国表达：公共治理的中国立场与中国话语。为什么我们不能旗帜鲜明、立场坚定地阐释中国公共治理呢？这固然并不代表无视知识生成的基本规律。当代中国政治语境下，知识界需要在政治与社会之间，在执政党与民众之间，进而在当下与未来之间实现"平衡"。但显然，包括对于公共治理话语体系在内的知识生成，普遍存在的状况是重心过于偏向前者。口号化的研究

（这里笔者并非反对政治宣传,只是强调研究中需要规避口号化的倾向,事实上,逻辑验证、事实清晰地论证对于政治宣传本身也是有利的)不能给真正的知识生成带来多少实质性的内容。对此,本书已经以滥用"治理"做了阐释。表达中国的公共治理需要有中国立场,更应有中国话语。中国公共治理及其话语的重塑需要紧紧围绕党的领导展开,党"平衡"地发挥多元主体的作用,培育其成长与成熟,成功实现领导。

其二,公共治理及其话语的多样性解析:法治基础上原则性的坚持与地域性的保障。当代中国地区之间、行业之间、城乡之间都存在巨大的差异。公共治理及其话语重塑不能离开基本制度①。公共治理及其话语重塑的原则是坚持中国基本制度。离开对基本制度的坚持,公共治理及其话语就是失去了存在的根基,只能沦为空谈。在坚持基本制度的基础之上,具有鲜明地域特色的公共治理及其话语体系需要得到必要的保障。原则性的坚持与地域性的保障都需要法治。20世纪90年代以来,当代中国就出现了上海模式、深圳福田模式、沈阳模式、江汉模式等城市社区治理的模式。

第二,从政治常态化到完善的公共治理组织与制度的建构:从基础到根本。公共治理及其话语的重塑离不开主导公共治理的主体作用的发挥。

其一,政治常态化:治理理论有效适用的基础。现代民主机制下,政治是一种职业化的存在。随着监督与制约机制的建立与健全,应该由对政治感兴趣,有从事政治的能力,并且勇于承当责任的人来从政。但是,特别是改革开放以前,由于政治、经济、社会等一体化,实质上极易形成政治主导下的"赢者通吃",比如出现"靠父亲树旗,靠'黑社会大哥'"的现象②。这使得政治不是一种常态化的职业存在。非常态化的政治会促生不平等的主体关系,使得治理理论有效适用成为一句空话,很难贯彻和体现中国共产党独特的"全心全意为人民服务"的宗旨。

其二,建构完善的公共治理组织与制度:治理理论有效适用的根本。中国共产党强调"为人民服务",这与西方世界执政党是不同的。组织及其制度化运行是践行"为人民服务"价值理念的基本需要。中国共产党在组织建设与信仰塑造

---

① 申建林:《对中国政治学研究的反思——思维方式突破与研究内容回归》,《人民论坛》2014年第17期,第19-21页。

② 《周滨的掘金之旅:靠父亲树旗,靠"黑社会大哥"》,http://news.163.com/16/0615/19/BPKG2RRL00014Q4P.html,2016年6月16日。

上有丰富的成功经验，组织及其制度化是确保其主导公共治理的基本途径。一个组织涣散、制度形同虚设的政党是无法主导超大社会的公共治理的。因此，需要强调"全面从严治党"。"全面从严治党，既要把理想信念宗旨这个核心价值观作为'高线'，又要守住党的纪律这条'底线'。"①守住"高线"与"底线"需要借助于制度得以实现。良性的制度安排应该是弘扬人性中光辉的一面，抑制人性中阴暗的一面。围绕公共治理必须建立整套良性制度。比如，"问责条例是全面从严治党重要的制度笼子，制定条例的过程就是统一思想认识、释放失责必问强烈信号的过程，各级党委党组、纪委纪检组和党的工作部门要从自身做起，以问责倒逼责任落实，推动管党治党从宽松软走向严紧硬。"②"问责"实质上就是对人民负责，就是"为人民服务"。依循前文的思路，常态化的政治应由对政治感兴趣，有从事政治的能力，并且勇于承当责任的人来从事，诸如"问责"等制度化的安排自然不是问题。

对先进理论的有效适用的逻辑理路应为，以问题切入，以理论的核心要义为参照，倒逼问题的解决与本土理论的形成。因此，我们需要明晰改革所面对的问题。一如本书开始所说，"改革"早已深入人心，但却有"改革疲劳"的可能与风险。这种可能与风险的存在很大程度上归因于对"改革"的茫然：人们一边声嘶力竭地高呼"改革"，却对"改革"本身没有基本的理解与认知。这并非危言耸听，只要了解很多领域的"改革"历程就可以明白。围绕"全面深化改革"之"改什么与怎么改"，"全面深化改革视域中治理理论有效适用"的知识生成显得非常重要。此方面，西方世界给我们以正面启示："新公共管理"理论（New Public Management）与"重塑政府"运动（Reinventing Government）、"再造政府"运动（Reengineering Government）曾经形成了知识与实践的呼应。

意识形态指引了公共治理的基本方向。且从实践层面来看，若从国家治理与新自由主义的历史渊源上考察就会发现，二者"……给我们的启示也远没有今天的概念使用者想象的那么美妙"。③曾经的知识与实践的呼应不能掩盖资本主义的"合法化危机"④。探寻本国实际的背景、价值、内涵、路径、关键，是推动

① 《王岐山谈问责条例：党中央对问责是动真格的》，http://news.sohu.com/20160608/n453533464.shtml，2016 年 6 月 16 日。
② 《全面从严治党要坚持"高线"守住"底线"》，《中国纪检监察报》2015 年 9 月 11 日第 1 版。
③ 朱天飚：《国家治理与新自由主义》，《学术月刊》2014 年第 7 期，第 16—20 页。
④ ［德］哈贝马斯：《合法化危机》，刘北成、曹卫东译，上海：上海人民出版社，2009 年。

治理理论有效适用的基本步骤。以"为人民服务"为核心价值理念的中国共产党领导下的公共治理必然迥异于西方国家的公共治理,在治理理论的有效适用中,必须规避西方国家公共治理的意识形态陷阱,重塑适应性的公共治理及其话语,完善公共治理的组织与制度框架。同时需要特别强调的是,公共治理更多是个实践性的问题。与实践的纷繁复杂相比,围绕治理理论本土化展开的知识生成显示出严重的不足。这彰显了展开多维度治理理论有效适用研究的必要性与紧迫性。

第二节　当代中国国家治理现代化基本理解

治理的核心要义在于多元主体。国家治理是国家主导之下的多元主体共同治理。国家治理现代化的推进更是一个复杂的过程,其与多元主体的构建是互动的、交融的。多元主体的逐渐构建,是不断推进国家治理现代化的过程,而国家治理现代化的有效推进为多元主体的成功构建提供了基本的支撑。

一、国家治理现代化相关问题研究述评

以党的十八届三中全会提出"全面深化改革的总目标是完善和发展中国特色社会主义制度,推进国家治理体系和治理能力现代化"为标志,国家治理现代化成为党和国家关注的焦点,如何达到对当代中国国家治理现代化的基本理解,如何进一步推进国家治理能力现代化,成为学术界迫切的责任与使命。

（一）研究现状述评

1.国外研究现状:①马克思国家与社会学说研究。学术界对马克思国家与社会学说的研究基于对其国家理论的研究而展开。然而长期以来,马克思的国家理论没有受到应有的重视,一些研究者认为马克思的国家理论缺乏深刻性与系统性,常常被视作国家主义意识形态。福利国家在战后的成功与斯大林主义

的终结重新唤起了人们对国家理论研究的兴趣，由此引发了三次国家理论的复兴[①]，学者们从多个视角展开了对马克思国家与社会学说的研究。②治理理论与实践研究。世界银行1989年发布的《撒哈拉以南：从危机到可持续发展》的使"治理"迅速成为风行的词汇。西方世界旋即展开了有关治理理论与实践的丰富研究，代表人物及其著作有：理论层面主要有罗西瑙的《没有政府的治理——世界政治中的秩序和变革》、罗茨的《新的治理：没有政府的管理》、斯托克的《作为理论的治理：五个论点》、杰索普的《治理的兴起及其失败的风险：以经济发展为例的论述》等；实证研究主要有奥斯特罗姆的《公共事务的治理之道》、麦金尼斯的《多中心体制与地方公共经济》等。

　　2. 国内研究现状：①马克思国家与社会学说研究。主要分为两个方面：其一，对马克思国家与社会学说的文本学研究。这一研究路径指出，马克思国家理论的精髓是国家与社会学说。无产阶级专政的一项带根本性的任务，就是积极创造条件消除国家与社会的矛盾和对立，把本来属于社会和人民的权力归复于社会和人民[②]。其二，运用马克思国家与社会学说对现实问题展开研究。如运用马克思国家与社会关系理论于我国乡村治理的启示[③]；将马克思国家与社会关系理论运用于分析和谐社会构建[④]；等。②治理理论及其当代中国有效适用

---

①　其一，20世纪60年代末至70年代，形成了以普兰斯查为代表的结构主义或阿尔都塞主义国家理论、以密里本德为代表的工具主义国家理论、以奥菲和哈贝马斯为代表的福利国家理论、以拉克劳和墨菲为代表的后马克思主义领导权国家理论等，成果主要是：首先，国家与市场的制度性分离导致了不同的政治逻辑和经济逻辑，需要分析各种结构性矛盾、策略性困境、具体国家形式之间路径依赖性的发展；其次，把国家权力当做一种复杂的社会关系加以分析，其中蕴含有国家与社会关系的视角；其二，20世纪70年代后期至80年代，对马克思国家与社会学说的研究融合了社会运动、生态主义、女权主义等新问题，基于不同的理论视角如自由主义、功能主义、多元主义、保守主义、新制度主义、公共选择学派，更多是对国家能力和政治体制的内在动力、地缘政治学议题等展开研究；其三，20世纪80年代后以来的国家理论复兴对马克思国家与社会学说的研究则强调指出马克思所推崇的抽象的资本与劳动的对立依旧是全球化时代资本主义的主要对立形式，并各自从自己的专业视角开出了解决对立的路径，实现了对马克思国家与社会学说的改造。参见[英]杰索普：《国家理论的新进展——各种探讨、争论点和议程》，《世界哲学》2002年第1期，第4-19页。

②　洪韵珊：《马克思关于国家与社会关系的论点述略》，《社会科学研究》1992年第1期，第10-14页；荣剑：《马克思的国家和社会理论》，《中国社会科学》2001年第3期，第25-34＋204页；张丽曼：《国家与社会关系的基本原理是马克思主义国家学说的真髓》，《社会科学研究》2001年第3期，第7-10页；王英津：《国家与社会：马克思主义经典作家之阐释》，《江苏行政学院学报》2004年第2期，第75-80页。

③　舒永久：《马克思国家国家与社会关系理论及其对我国乡村治理的启示》，《探索》2013年第1期，第161-165页。

④　王金元、史文哲：《马克思国家与社会关系理论对构建和谐社会的启示》，《甘肃社会科学》2012年第2期，第194-196页。

研究。"治理"进入中国以来,受到广泛的关注与重视,学术界展开多学科的研究。以徐勇(1997 年)、毛寿龙(1998 年)、俞可平(1999 年)、胡仙芝(2001 年)、何增科(2002 年)、陈剩勇(2004 年)、郁建兴(2003 年)、孙柏瑛(2004 年)、蔡拓(2004 年)、王浦劬(2005 年)、林尚立(2006 年)、张康之(2006 年)、燕继荣(2006 年)、郎友兴(2007 年)、王诗宗(2007 年)、孔繁斌(2008 年)、包国宪(2009 年)、黄秋菊、景维民(2011 年)、许正中(2012 年)等相关论著为代表,具体来说可分为四个方面。其一,译介治理的前沿理论,阐释治理理论的基本理念及其发展趋势;其二,运用治理理论对行业协会、商会、慈善组织展开实证研究,这一研究取向大多立足于发达地区,特别是江浙沪地区展开;其三,集中于乡村治理和城市社区治理开展当代中国地方治理研究;其四,积极探讨当代中国治理模式的基本框架、特征与研究方向等。

治理理论与实践研究的主要特点是:首先,研究主题宽泛,横跨多个学科,涉及治理概念的界定、治理的缘起、治理的运行机制及其在国际关系中的运用、治理的发展趋势、治理在福利国家与发展中国家中的适用等领域,涉及政治学、经济学、管理学、国际关系学、教育学等学科;其次,提供了较为全面的方法论体系,有制度分析、经济分析、文化分析等。

(二)当前研究中存在的问题

治理理论不单纯是西方的理论,中国有自身的特色理论话语体系,研究中国治理问题不能纯粹套用西方理论与逻辑。治理最核心的要义在于主体的多元性。对当代中国国家治理现代化多元主体具有特色的研究有利于拓宽马克思主义的研究视域,推进马克思主义的发展;同时,对当代中国国家治理现代化多元主体构建的研究可以积极探索实践中推进国家治理现代化的可行路径。然而,目前的研究存在如下问题:

第一,对马克思国家与社会学说的研究缺少科学的立场,缺乏对马克思国家与社会学说整体性的科学认识。只有从整体上科学地把握马克思国家与社会学说的基本内涵,才能在新形势下发展这一重要理论形态,才能指导当代中国国家治理。

第二,跟风式地衍用治理于当代中国语境之下,生搬治理概念、要素、标准等硬套于当代中国各个现实领域,结果在不理解治理,或者不理解当代中国现实,或者不理解两者的情况下出现了治理研究的泛滥。正如治理专家鲍勃·杰索普所言,治理在许多语境大行其道,以致成为一个可以指涉任何事物或毫无意义的"时髦词语"①。现在学术界形成了人人皆可言说治理的局面,吊诡的是,何为治理却越来越不清晰。

第三,对国家治理的研究缺少立足当代中国实际的考量,缺少当代中国实际宏观维度下对国家治理核心要义——多元主体的研究。现有的研究成果更多是基于某一特定层面展开的,存在简单套用西方理论的情况,缺少中国特色社会主义视阈下马克思主义的研究。

二、治理语境下当代中国国家理论与实践：以马克思国家与社会学说为指导

一如上文所论,在理论形态上,国家理论的三次复兴多声称受到马克思或马克思主义的影响,马克思的国家与社会学说成为当代西方国家理论研究的重要思想渊源。实践中,既批判国家主义又批判自由主义的马克思国家与社会学说在当代西方世界依然具有解释力。而这种解释力在当代中国内化为强有力的理论指导。

第一,马克思国家与社会学说对当代中国国家治理现代化的指导作用:二元化视域下的多元主体。贯穿马克思国家起源理论、国家本质理论、国家职能理论、国家消亡理论等国家理论的是,国家与社会之间的关系及"国家"与"社会"定位的演变。从人类社会发展的历史来看,马克思国家与社会学说认为,国家产生于并凌驾于社会之上。国家源于社会,是社会决定国家,而不是国家决定社会。阶级社会中,作为统治阶级的总代表,国家凌驾于社会之上,控制着社会,社会从属于国家②。国家最终要回归社会,国家的消亡过程,就是回归社会的过程。处于社会主义初级阶段的当代中国,异化仍然是我们现实生活中的"经验事实"③,国家与社会依然是二元化的。二元化视域下,当代中国国家治理现代化的多元主体分别为中国共产党、政府、社会主体等。

国家与社会的论争一直是当代中国政治发展的焦点问题。这一论争和计划

①　俞可平:《引论:治理与善治》,载俞可平主编:《治理与善治》,北京:社会科学文献出版社,2000年,第2页。

②　俞可平:《让国家回归社会——马克思主义关于国家与社会的观点》,《理论视野》2013年第9期,第9—11页。

③　王金福:《正确认识社会主义初级阶段中的异化问题》,《江苏社会科学》1999年第2期,第3—5页。

与市场的论争密切联系在一起,要计划还是要市场,实质上是国家(政府)职能的范围、大小的问题,简言之,也就是处理好国家与社会关系的问题。无论是国家与社会的论争,还是计划与市场的论争,首先体现的是政治与经济的分离。从马克思的国家与社会学说出发,"国家把本属于社会的那些经济权利尽可能地还给社会"①。同时,"建立高度民主的政治体制,以保障人民群众自觉地广泛参与国家政治管理"②。

第二,从"统治""治理"到"国家治理":基本概念的解析。对当代中国国家治理现代化的研究首先需要厘清"统治""治理"与"国家治理"之间的关系,尤其是在"治理"泛滥的当下。

统治与治理主要的区别体现在以下五个方面:其一,也是最核心与最基本的是,权威的主体不同,统治的主体是单一的政府或其他国家公共权力,治理的主体是多元的。其二,主体权威的性质不同,统治是强制性的;治理可以是强制的,更多是协商的,主要源于共识。其三,主体权威的来源不同,统治主体的权威来源于具有强制性的国家层面的正式或非正式的制度安排;治理主体的权威除了来自于国家的制度安排之外,还包括各种非国家强制的契约。其四,主体权力运行的向度不同,统治主体的权力运行是自上而下的,通过发号施令,政策制定与实施得以实现;治理主体的权力可以是自上而下的,但更多是平行的,是互动式的。其五,主体作用所触及的范围不同。统治所及的范围以国家权力所及领域为边界,而治理所及的范围则以公共领域为边界,后者比前者要宽广得多③。

当代中国国家治理首先需要对"统治"与"治理"有基本的厘定,同时亦需要强调"国家治理"及其"中国特色社会主义性"。本书认为,从治理的本原内涵出发,国家治理指国家主导下的多元主体共同治理,强调的是"国家"与"治理"的双重意涵。当代中国的国家治理是社会主义国家的治理。马克思的国家与社会学说认为,无产阶级专政时期需要坚持共产党的领导,专政与领导最终是为了促使国家回归社会。当代中国国家治理的"中国特色社会主义性"根源上体现在坚持与完善中国共产党的领导上。因此,当代中国国家治理现代化能否有效推进,关键在于国家作用的发挥,而国家作用的发挥关键在于中国共产党的领导。而这

---

① 刘军等编:《新权威主义——对改革理论纲领的论争》,北京:北京经济学院出版社,1989年,第126—127页。
② 荣剑:《马克思的国家和社会理论》,《中国社会科学》2001年第3期,第25-34+204页。
③ 张力:《述评:治理理论在中国适用性的论争》,《理论与改革》2013年第4期,第200-203页。

种领导是以全心全意为人民服务为宗旨的。实现人民的利益，得到广大人民群众的拥护，是衡量中国共产党路线、方针和政策的最高标准。这与治理理念对公共利益的彰显异曲同工。当代中国国家治理是既要充分发挥治理优势，更要充分发挥社会主义国家优势的治理形态。

第三，当代中国实际：当代中国国家治理分析的实践基础。概言之，当代中国国家治理分析的实践基础，从国内的角度看，是社会主义正在当代中国经历深刻的改革，且改革已经进入了攻坚期。从国际的角度看，是全球化所带来的机遇与挑战。国内外学术界对当代中国社会转型的认识已经取得了丰硕的成果，为不偏离主题太远，本书不打算赘述。这里试图指出的是这种"实际"或"实践基础"之中与国家治理直接相连，或者说，对国家治理有巨大影响作用甚至在某些时候、某些领域发挥决定作用的方面：其一，"官本位"观念。党的十八届三中全会审议通过的《中共中央关于全面深化改革若干重大问题的决定》将破除"官本位"观念作为改革的重点，足见其毒害之深，范围之广。从主题出发，本书认为如果不破除"官本位"观念，掌握公共资源配置的国家及其工作人员依旧持有"本位"的观念，将阻碍国家治理的社会主体的成功塑造，最终可能妨碍国家治理现代化的成功推进。其二，信息技术的迅猛发展。信息技术在给我们的生活带来便利的同时亦可能对国家治理现代化造成困扰。快速发展的信息技术在开阔民众视野、改善民众生活的同时，也提供了一个宣泄内心不满的渠道，而这种宣泄很多时候演化为网络暴力，乃至成为群体性事件的诱发因素。因此，在分析当代中国国家治理的时候，不能离开的基本实际是信息技术的迅猛发展。其三，全球化的机遇与挑战。全球化背景下，人力、资本、资源、信息的全球性流动加速了风险的扩散，加大了国家治理的难度，同时，治理理论是否具有普世性也成为治理研究中绕不开的课题。

三、当代中国国家治理现代化之内涵、原则与标准及其实践

从治理的本原内涵出发，国家治理是指国家主导下的多元主体共同治理，其强调的是"国家"与"治理"的双重意涵。判断当代中国国家治理现代化的原则与标准是党的领导、人民当家作主、依法治国。法治、民主、协商、高效是判断当代中国国家治理现代化的标准。当代中国国家治理是既要充分发挥社会主义国家优势，又要充分发挥治理优势的治理形态。

第一,当代中国国家治理现代化内涵的多维解读。立足中国实际,可以对国家治理现代化作出如下层面的解读:其一,国家治理体系和治理能力现代化层面。体系,指"若干有关事物或某些意识相互联系而构成的一个整体。"①因此,国家治理体系可以看作是实现国家治理的"一个整体",这个整体包含路线、方针、政策,包括道路、理论、制度,有政治治理、经济治理的内容,还有文化治理、生态治理的内容,它包含政府治理②,也包含社会治理。通过法治与民主的方式,协商与高效地将现代化的治理体系转化为现代化的治理能力。其二,推进国家治理现代化是完善和发展中国特色社会主义制度的必然要求。完善和发展中国特色社会主义制度与推进国家治理现代化是相互促进的。其三,国家治理现代化的实现需要国家与社会准确定位来完成。国家与社会的准确定位需要多元主体的成功构建来加以体现。

第二,判断当代中国国家治理现代化的原则与标准阐释。当代中国国家治理现代化包含着国家治理体系和治理能力现代化,通过国家治理现代化可以推动中国特色社会主义制度的完善和发展。当代中国国家治理现代化的过程是中国特色社会主义民主政治发展的过程,必须坚持党的领导、人民当家作主、依法治国相统一的原则。

党的领导、人民当家作主、依法治国相统一的原则下,本书认为,判断当代中国国家治理现代化的标准是法治、民主、协商、高效。衡量当代中国国家治理现代化的标准至少应该包含:其一,法治。多元主体在法治下行为,实现国家治理。其二,民主。社会主义国家治理的应有之义是保障人民当家作主,缺少这一点,治理就会蜕变为统治。其三,协商。多元主体只有通过协商才能成功实现国家治理。其四,高效。国家治理应当有效维护社会稳定和社会秩序,有利于提高行政效率和经济效益。

第三,国家与社会二元视域下,改革开放以来当代中国国家治理现代化理论及其实践。党的十八届三中全会提出的作为全面深化改革总体目标的"国家治理"的概念是改革开放以来尤其是党的十六大以来治国理政理念的深化发展与

---

① 中国社会科学院语言研究所词典编辑室编:《现代汉语词典》,北京:商务印书馆,2000 年,第 1241 页。

② 有学者在综述了学术界研究现状之后,指出,政府治理是指政府与各种组织和个人合作管理社会公共事务,提供公共产品,解决社会公共问题,促进社会公共利益的体系、方式和过程。易承志:《社会转型与治理成长:新时期上海大都市政府治理研究》,北京:法律出版社,2009 年,第 32 页。统合了"政府"与"治理"的"政府治理"是指政府在其中发挥关键作用的治理。

完善。邓小平从社会主义初级阶段的实际出发,将经济建设作为推进社会主义国家治理现代化的中心,基于对社会主义本质的阐释指出国家治理的目的:"我们坚持走社会主义道路,根本目的是实现共同富裕。"①立足中心与本质,邓小平着重指出,要形成具有中国特色的社会主义行政体制,"过去我们搬用别国的模式,结果阻碍了生产力的发展,在思想上导致僵化,妨碍人民和基层积极性的发挥"②。中国特色社会主义行政体制的形成需要转变政府职能,促成行政管理的科学化与法制化。"三个代表"重要思想将发展作为执政兴国的第一要务,发展之中包括了推进国家治理现代化的内容。在此基础上,"三个代表"重要思想立足于加强与改善党的领导推进国家治理现代化,通过依法治国与以德治国相结合,推进机构改革以转变政府职能,建设高素质的干部队伍等方式。"在中国共产党的领导下,实行人民民主,充分保障人民当家作主的民主权利,是我国政权建设和政治体制改革的根本出发点和归宿。"③针对形势的发展与变化,党的十六大提出"党领导人民治理国家"的理念。树立科学发展观是提高党执政能力的迫切需要。从科学发展观的要求出发,必须积极深化行政体制改革,转变政府职能,同时切实贯彻以人为本的理念,坚持立党为公、执政为民,尊重劳动、尊重知识、尊重人才、尊重创造,充分发挥人民群众的积极性、主动性、创造性。

党的十九届四中全会审议通过的《中共中央关于坚持和完善中国特色社会主义制度、推进国家治理体系和治理能力现代化若干重大问题的决定》全面总结我国国家制度和国家治理体系 13 个方面的显著优势,明确了坚持和完善中国特色社会主义制度、推进国家治理体系和治理能力现代化的指导思想、总体要求、总体目标和重点任务,为把我国制度优势更好转化为国家治理效能指明了方向。党政军民学、东西南北中,党是领导一切的。中国共产党领导是中国特色社会主义最本质的特征,是中国特色社会主义制度的最大优势。把制度优势更好转化为国家治理效能,最根本的是坚持和完善党的领导。十九届四中全会第一次系统描绘了中国特色社会主义制度的图谱。作为国家的根本领导制度,党的领导制度统领和贯穿其他各个方面的制度。保证党领导人民有效治理国家,就是要毫不动摇地坚持和完善党的领导制度体系,不断提高党科学执政、民主执政、依

---

① 《邓小平文选》第 3 卷,北京:人民出版社,1993 年,第 155 页。
② 《邓小平文选》第 3 卷,北京:人民出版社,1993 年,第 237 页。
③ 中共中央文献研究室编:《江泽民论有中国特色的社会主义(专题摘编)》,北京:中央文献出版社,2002 年,第 299 页。

法执政水平,把党的领导落实到国家治理各领域各方面各环节,不断开创"中国之治"的新境界。

四、当代中国国家治理现代化的困境

国家治理现代化的推进需要多元主体共识的形成,共识的缺失会使公共治理缺乏广泛的主体,在当代中国,这一共识表现为中国特色社会主义共同理想的塑造。

第一,进一步凝聚共识:中国特色社会主义共同理想及其意义。治理的核心要义在于多元主体的成长与成熟。缺乏多元主体的协商并进,治理是无法真正实现的。而多元主体的成熟需要共识的达成,而这在主体唯一的时代是根本不需要的。那一时期的"治理"是"统治"的意思,与当代话语体系中的"治理"不可同日而语。

当代中国,改革已经进入了拐点,进入了关键时期。为了推进国家治理现代化,需要在改革的核心问题上形成最大程度最大范围的共识。中国特色社会主义共同理想是当下需要凝练的基本共识,也就是要在党的领导下,走中国特色社会主义道路,实现中华民族的伟大复兴。共识的形成是推进国家治理现代化的基本前提,当然,此类问题的解决,还需要对既得利益及其危害有清晰的认识。

第二,警惕既得利益及其危害。既得利益问题是一个重大而又敏感的问题。这一问题往往容易引起各个利益相关群体不同的反应与应对。国家治理现代化关乎中国特色社会主义制度的完善和发展,需要依靠国家与社会二元化之下多元主体的健康成长与成熟来成就。既得利益会阻碍多元主体的形成,进而阻碍国家治理现代化的推进。某种程度上来讲,改革就是破除既得利益的过程。我们无意争论既得利益是否已经存在,但我们更应该关注其可能给国家治理现代化所带来的危害。有学者曾经对苏联的既得利益特征做过如下的概括:保守性——同僵化的体制利益攸关,抵制改革;排他性——即宗派性,他们打着为"全民"利益服务的旗号,实际维护的是集团的利益;虚伪性——对共产主义理想、共产党宗旨的态度表里不一,进而使得共产党的威望、社会主义的信誉丧失;垄断性——强烈的统治欲、控制欲;贪婪性和颠覆性——当旧体制无法维持时,他们

中的一部分人会借转轨利用权力大肆侵吞国有资产①。通过以上分析,我们对既得利益及其危害有了初步认识,这足以让我们在思考当代中国国家治理现代化的时候时刻警惕既得利益的阻碍。

既得利益的形成与精英②及其定位有直接关联。从应然来看,精英应为民主化乃至国家治理现代化的基本推进力量。但是,在基层,在地方政治的发展中,精英的聚合可能会阻碍社会多元主体的成长,甚至影响中央的正常管理,从而使国家治理现代化无从谈起。

第三,国家治理现代化的精英共谋与社会流动性的减弱。精英共谋是指政治精英、经济精英与知识精英为了维护既得利益而采取共同的意识和行为。理想状态下,各个社会阶层皆有属于各自的精英,阶层之间相互牵制,相互制约,整个通过法治、民主、协商的方式高效地运作。但是,精英共谋可能会带来社会流动性的减弱,导致难以成功构建国家治理现代化所必需的多元主体。

五、困境之应对:当代中国国家治理现代化的多元主体构建

以马克思国家与社会学说为指导,从内涵、原则与标准出发,要克服当代中国国家治理现代化的困境,必须构建多元主体。必须加强和改善党的领导,以推动政党治理权威的成功树立;改革行政体制,以成就政府治理角色的有效发挥;加强制度建设,以促进社会治理主体的渐进成熟。

第一,加强和改善党的领导,成功树立政党治理权威。"中国共产党是中华人民共和国的领导核心,政府在其领导之下,不谈共产党,中华人民共和国中任何基本的问题都无法搞清。"③"共产党组织在当代中国不仅事实上是一种社会公共权力,而且也是政府机构的核心——无论就广义的政府还是狭义的政府而言都是如此。如果把中国共产党组织排除在'政府'之外来分析当代中国的政府过程,不仅无法解释政府决策和执行的基本动力和作为,而且可以说在根本上就是不得要领的,这全然不同于西方国家的情况。""从比较政治学的视野看,中国共产党的结构和功能更接近西方国家的政府,而不是政党。"④

必须指出,任何客观理性的观察者都应该认识到,新中国成立以来,虽然经

---

① 黄宗良:《官僚特权阶层问题与社会主义的命运》,《国际政治研究》2002 年第 1 期,第 24 - 30 页。
② 谢岳:《市场转型、精英政治化与地方政治秩序》,《天津社会科学》2005 年第 1 期,第 55 - 60 页。
③ 王敬松:《中华人民共和国政府与政治》,北京:中共中央党校出版社,1994 年,第 1 - 2 页。
④ 胡伟:《政府过程》,杭州:浙江人民出版社,1998 年,第 16—17 页。

历了危及执政合法性的事件与时期,但是,中国共产党的政党权威从未从根本上受到挑战,即便是在"文革"时期依然如此。这与中国几千年以来的传统政治文化有密切关联,同时也受到经济绩效快速增长的支撑与影响。诚然,随着社会的发展,尤其是网络信息技术的爆炸式进步,执政合法性的维系,政党治理权威的成功树立难度将会越来越大。这使得加强和改进党的领导始终是一个意义深远的命题。近年来反腐败工作取得了重大进展。而党的全面领导制度需要进一步切实健全。正如有学者指出的那样,网络问责存在有效性,但同时存在着有限性与偏差性,制度问责才是问责的根本之路①。

第二,改革行政体制与政府治理角色的有效发挥。行政体制改革的核心是转变政府职能,而转变政府职能就是处理好政府与市场之间的关系。改革开放以来,中国进行了多次行政体制改革。但是,直至今日,行政体制改革依然是困扰当代中国社会发展的难题。笔者认为,从国家治理的角度看,行政体制改革既要积极从行政体制内部着力,又要寻求整个社会的协作。如果没有整个社会的协作,一些重大的改革将无法开展,更无法取得大的进展。因此,怎样使用科学治理工具②并使之法治化,如何搭建科学治理平台并使之法治化,是对政府治理角色能否有效发挥的考验。

第三,加强制度建设与社会治理主体的渐进成熟。治理本身包含着"以社会为本"和"以人为本"的价值底蕴。党的十八届三中全会公报5次提到"社会治理",强调指出,"创新社会治理,必须着眼于维护最广大人民根本利益,最大限度增加和谐因素,增强社会发展活力,提高社会治理水平,维护国家安全,确保人民安居乐业、社会安定有序。"但是,传统专制主义文化的长久影响、信息技术迅猛发展所带来的负面效应以及全球化的挑战皆使得社会治理主体的成长与成熟只能是一个渐进的过程。比如,民众表现出对腐败的深恶痛疾,但同时又有天然的权力崇拜情结;信息技术使得民众可以便捷地通过网络暴力的形式获得短暂的围观快感;西方主导的全球化使得民众无法理性地认识到当代中国问题的现实性及解决这些问题对策的可行性。

---

① 周亚越:《网络问责的效应:有效性、有限性及偏差性》,《马克思主义研究》2013年第8期,第134-141页。

② 有学者曾经按照非强制性到强制性的光谱,将治理工具分为12种。当代中国,这些治理工具的作用能否得以有效发挥主动权更多地掌握在政府手中。参见李允杰、丘昌泰:《政策执行与评估》,台北:元照出版公司,2009年,第132-139页。

社会主体是国家治理的多元主体中的重要一极，其成熟对于国家治理现代化的实现具有重要意义。成熟主体的塑造，根源上，有赖于法治与民主之上制度化体制的建立。但问题是，在国家治理现代化过程中，在社会主义法治与民主仍需不断完善的情况下，社会主体何来渐次成熟？这需要国家治理中国家作用的发挥。国家是否能够前瞻性地认识到国家治理现代化的内涵、原则与标准并践行之，是当代中国国家治理现代化能否有效推进的关键所在。当下，必须积极加强法治与民主之下的制度建设，借此引导社会治理主体的渐进成熟。

多元主体的构建与国家治理现代化的推进是互动的、交融的。多元主体的构建有利于国家治理现代化的推进，而国家治理现代化的推进倒逼多元主体的构建。

第三节　价值底蕴：国家治理现代化视角下政治文化

党的十八届三中全会审议通过的《中共中央关于全面深化改革若干重大问题的决定》对全面深化改革总目标的界定是"全面深化改革的总目标是完善和发展中国特色社会主义制度，推进国家治理体系和治理能力现代化"。中国共产党基于中国实际，首次提出"国家治理"概念，阐释了其治理体系和治理能力两大维度。而这两大维度是围绕国家治理三大基本问题展开的——治理的主体（由谁治理）、治理的机制（如何治理）与治理的评价（治理效果如何）。[①] 政治文化可以细分为体系文化、过程文化与政策文化，与主体、机制和评价密不可分。国家治理现代化视角下，基于主体、机制与评价维度对现代政治文化的研究，首先需要考量政治文化现代化与国家治理现代化之间的基本关联。

一、国家治理现代化与政治文化现代化之关联

围绕"政治文化""现代化""政治文化现代化"，学界争论不止。相对成熟的现代化理论认为，衡量现代社会的基本向度主要有：技术（工具）、社会结构与态度。而其中"态度"在政治学领域内即为政治文化的角度。一般意义上，"政治文化"是一国国民长期形成的相对稳定的对于生活其中的政治体系和所承担的政

---

① 张小劲、于晓虹编著：《推进国家治理体系和国家治理能力现代化六讲》，北京：人民出版社，2014年，第53-63页。

治角色的认知、情感和态度,它与政府、政治组织等制度性结构相对应,成为政治体系的主观因素。政治现代化是一种结果,更是一个过程。现代政治文化则是对政治现代化的相对静态的描述①。一如上文所述,本书试图基于主体、机制与评价的维度阐释国家治理现代化视角下的现代政治文化。当代中国语境之下,归根到底,国家治理现代化就是要构建一套更加成熟更加定型的中国特色社会主义制度体系,其中的"更加成熟更加定型的"制度体系展示的是国家治理体系现代化,而"构建"体现了国家治理能力。逻辑上,在肯认了基本概念之后,需要阐释的是论题的可行性,亦即国家治理现代化与政治文化现代化之间的基本关联,恰是这种关联使得本论题得以成立,诚然,这种论述是立足中国展开的。

坚持走中国特色社会主义发展道路,通过走中国特色社会主义发展道路,完善和发展中国特色社会主义制度,是国家治理现代化的基本内涵。其中,自然地蕴含了政治文化现代化的内容。现代政治文化又为国家治理现代化得以推进和维持提供必要的基础。从中国国家治理现代化的主体、机制和评价来看,现代政治文化应该是坚持以人为本的,以增强人民群众的主体意识为基本依托,应该是坚持依法治国,以健全社会主义法治民主作为基本路径,应该是坚持中国特色社会主义的,以服务社会主义国家和人民为基本指归的心理过程和心理特征。如上,现代政治文化的培育可以促成公众对国家治理体系与治理能力现代化心理上的认同与推进。

其一,国家治理现代化保障现代政治文化的实现。制度、社会关系或历史事件规定了文化得以显示自身的方式。文化为经济、政治以及社会等提供其得以运行的背景②。文化是体系完善与能力构建的基本背景,体系与能力则规定着文化的显示方式。有什么样的制度架构就有什么样类型的文化③。国家治理现代化为政治文化现代化提供了基本的规定性。

国家治理现代化是主体现代化、机制现代化与评价现代化的统合,是多元主体通过法治与民主机制成功实现有效治理的过程与状态。在这一过程之中,状态之下,政治文化渐次形成。

---

① 燕继荣:《政治学十五讲》,北京:北京大学出版社,2004 年,第 261 页。
② P.R.Moody,Jr.,*Trends in the Study of Chinese Political Culture*,The China Quarterly,September 1994,p.740.
③ 丁志刚、董洪乐:《现代政治文化与民族国家治理》,《新疆社会科学》2012 年第 1 期,第 52-58+141 页。

其二,政治文化的走向影响国家治理现代化实现。"对个人来说,政治文化有助于调控其政治行为,并为之提供一种方向性的指导,对集体来说,它提供了保证各种体制和组织连贯运作的价值观和理性考虑的系统性结构。"①政治文化能否以现代化的形态得以凝练,进而形成基本的共识,能否塑造一种政治认同机制,进而影响社会中的各个主体的政治行为,会影响到国家治理的方向。当代中国,某种意义上,能否有效推进国家治理现代化,关键在于能否凝聚共识,能否使得该共识外显为政治主体的一致性政治行为。例如,能否形成对国有企业改革及其方向的共识,能否形成对政府与市场关系的共识,直接影响国家治理现代化能否实现。

必须认识到的是,由于社会的经济基础和政治上层建筑发生了变化,传统政治文化中的某些因素必然有不适应当今社会之处。诸如以儒家思想为主线,以老庄思想为副线,经过几千年的积淀,形成的"权威崇拜""与世无争"的政治思想,严重抑制了人们的政治参与。这与国家治理现代化的目标要求亦是相违背的。

二、转型期的政治文化:基本形态与典型表征

国家治理现代化与政治文化现代化有内在的关联。接下来需要对转型期的政治文化之基本形态与典型表征做宏观梳理。这是探寻培育现代政治文化有效路径的基本步骤。我们至少需要在宏观上搞清楚,在"改革正在过大关"的当下,我国政治文化的基本形态是什么? 这种基本形态的典型表征是什么? 同样需要说明,对于中国政治文化基本内涵的解析绝非寥寥数语能够实现的。这里只是从学界相对统一的认识出发,试图指出当代中国转型期政治文化的基本形态及其典型表征。

第一,共存与融合:转型期政治文化的基本形态。具体体现在:其一,本土政治文化与外来政治文化的共存与融合。伴随着全球化的潮流,西方思想文化一下涌入中国。一方面,"西方价值观的渗透促进并加剧了对传统的否定,将中国社会的取向从过去的束缚中全面解放出来。"②一些符合人性的基本价值观念绝

---

① [美]罗纳德・H.奇尔科特:《比较政治学理论——新范式的探索》,高铦、潘世强译,北京:社会科学文献出版社,1998年,第240页。

② [美]詹姆斯・R.汤森、布兰特利・沃马克:《中国政治》,顾速、董方译,南京:江苏人民出版社,1994年,第55页。

非仅仅适用于西方,我们完全可以从实际出发将之适用于中国实际。国家治理现代化视角之下,只要是符合人之为人的基本价值理念、符合社会主义国家的基本价值理念,都可以适用。诚然,诸如民主、法治、自由、平等等价值理念的广泛传扬,很大程度上的确又依赖于改革开放以来的外部输送,但是,另一方面,西方政治文化本身实质上是资本主义意识形态的体现。这在为我国现代政治文化提供养料的同时又会消解我国政治文化的社会主义特征。对此,必须高度警惕。

其二,新旧政治文化的共存与融合。新中国成立以来,尤其是改革开放以来,基于中国实际的本土的现代政治文化逐步形成。由于主客观的诸多因素,这将是个漫长的历史过程。中国拥有几千年悠久的历史,传统政治文化并未彻底和现代社会"断裂"开来,一些传统的政治文化观念早已根深蒂固,成为中国人普遍的政治思维方式,对当下社会成员的思想观念乃至政治行为有极强的影响。诸如,传统的政治文化所强调的"权力崇拜",与国家治理现代化所需要消弭的官本位思想与体制相抵牾,违背了国家治理现代化的要旨,也要高度警惕。

第二,典型表征:政治参与意识的淡薄与政治参与制度的不完善。转型社会的基本特征是双面性并存。人们在崇尚绝对权威、渴望得到权威保护的同时,又畏惧这种权威,避免与猛虎般的政府权威发生摩擦。[①] 国家治理现代化的核心要义是多元主体,若想改变政治参与意识淡薄的局面,需要有一套完整的政治参与运行机制。但是,实际上,我国政治参与制度尚不完善。制度化的政治参与需要法治的保障。对于多元主体是否成熟与法治民主机制是否完善的评价同样是不可或缺的。

三、国家治理现代化视角下培育现代政治文化的基本路径

在厘清转型期政治文化的基本形态与典型表现之后,接下来分别从主体、机制与评价三个维度探索培育现代政治文化的可能路径。

第一,推进政治社会化,增强政治主体意识。公民参与的扩大是政治发展的前提条件[②]。公民参与的扩大首先需要提高其政治主体意识。这同样是国家治理现代化的基本组成。政治主体意识的提高需要借助于政治社会化得以实现。所谓政治社会化,是指人们在特定的政治关系中,通过社会政治生活和政治实践

---

① 李泽厚:《中国现代思想史》,上海:东方出版社,1987年,第126页。
② [美]亨廷顿:《变革社会中的政治秩序》,李盛平、杨玉生等译,北京:华夏出版社,1988年,第5页。

活动,逐步获得政治知识和能力,形成和改变自己的政治心理和政治思想的能动过程[①]。

需要注意的是,在当代中国,现代政治文化应该是坚持以人为本的,以增强人民群众的主体意识为基本依托,应该是坚持依法治国,以健全社会主义法治民主作为基本路径的,应该是坚持中国特色社会主义的,以服务社会主义国家和人民为基本指归的。

其一,推进现代政治文化教育。在社会转型期,必须积极以马克思主义理论为指导对民众进行广泛而持久的现代政治文化教育。一是要以党校、政府组织等为载体,着重对党员干部进行教育,认真总结现实中存在的问题,努力找寻解决方法,建立正确的现代政治文化,做好全国人民政治文化观念转型的典范与表率。二是要走进基层,走进民众心中,抓好民众的现代政治文化教育。三是大力推进青少年政治文化教育。要以学校和家庭为主要场所,努力营造开放的政治生态环境,使青少年牢固树立坚定的理想信念和先进的政治文化观念,为实现中国梦而努力奋斗。

其二,构建双向信息传播渠道。一是要不断优化传统的传播媒介。无论是学校教育还是家庭教育都在政治文化的发展中起着极为重要的作用,要加大教育改革和建设的力度,积极发展各种形式的学校和家庭教育,形成双向的信息传播渠道。二是要优化大众传播媒介,尤其要注重网络的作用。网络的发展对政治文化系统产生了巨大的冲击,尤其是对民众的政治主体意识造成了深刻的影响。作为一种新媒体,网络传播不同于传统媒体的单向传播,它可以实现信息的交互式传递,极大地提高了民众的政治参与意识,不断推动着政治文化现代化的发展。

第二,加强社会主义法治与民主,健全政治参与机制。国家治理现代化的推进有主体的维度,还有机制与评价的维度。借由法治与民主推进国家治理现代化是理性路径。政治文化随着政治制度的改变而有所改变。作为政治体系的软件,政治文化一般与政治制度性结构安排相匹配。因此,要培育现代政治文化,必须不断推进政治参与机制的法治化,扩大公民的政治参与。法治与民主是国家治理现代化的重要衡量标准。今后相当长的一段时期内,政治文化的发展要

[①] 王浦劬等:《政治学基础》,北京:北京大学出版社,1995年,第65页。

不断完善法治与民主的制度安排,这也是国家治理现代化的必经之路。

改革开放以来,中国基层地方政府与民众已经在积极创新政治参与的内容与形式。通过这一过程,培育中国特色的政治文化,形成了本土化的文化图景。但是,在政治实践中,由于缺乏基本的法治保障,地方经验随机性比较强,不仅会随着基层领导者的变更而变更,也有可能因步伐过大而被抹杀,使得政治文化无法健康形成,民众会觉得无所适从。因此,需要以法治保障民主,换句话讲,就是要健全政治参与机制。

第三,正确处理多元政治文化之间的关系。评价国家治理是否趋向现代化的标准是看其是否坚持中国特色社会主义,是否以服务社会主义国家和人民为基本指归。相应的,只要是坚持中国特色社会主义,以服务社会主义国家和人民为基本指归的心理过程和心理特征都属于现代中国政治文化的范畴,而不论其是多元政治文化中的哪一种。与其对多元政治文化本身做无谓的争论,不如按照如上的评价标准培育现代政治文化。

政治文化是个相对稳定的词汇,但是政治文化的现代化,现代政治文化的培育则是个动态的过程。在政治文化研究领域,"评价"是指对政治目标的判断和意见。从主体、机制和评价来看,国家治理现代化是坚持以人为本的,以增强人民群众的主体意识为基本依托的,是坚持依法治国,以健全社会主义法治民主作为基本路径的,是坚持中国特色社会主义的,以服务社会主义国家和人民为基本指归的。

现代政治文化培育研究,或者说政治文化及其现代化研究,是个宏大的话题。一定意义上,我们可以做最为泛化的归纳,将人类社会几乎一切存在都纳入文化概念之下。因此,截取某一特定视角的研究显得既现实且必要。国家治理现代化视角下,基于主体、机制与评价维度对现代政治文化的考察成为一种可能的选择。

第五章

协商治理的中国样态及其展示

第一节　协商治理研究之成绩、问题与应对

党的十八届三中全会审议通过的《中共中央关于全面深化改革若干重大问题的决定》提出，全面深化改革的总目标是"完善和发展中国特色社会主义制度，推进国家治理体系与治理能力现代化"。自此，"治理"（governance）愈发成为学界关注的热门话题。若在把民主划分为价值模式与实践模式的基础上将中国社会主义民主分别界定为"民本主义民主"与"治理民主"①，笔者认为，"当代中国协商治理"可以看作是实践模式的社会主义协商民主的治理样态。

在庆祝中国人民政治协商会议成立 65 周年大会上的讲话中，习近平强调指出，协商民主是中国民主政治中独特的、独有的、独到的民主形式。② 在中央政协工作会议暨庆祝中国人民政治协商会议成立 70 周年大会上，习近平总书记指出："要发挥好人民政协专门协商机构作用，把协商民主贯穿履行职能全过程，坚持发扬民主和增进团结相互贯通、建言资政和凝聚共识双向发力，积极围绕贯彻落实党和国家重要决策部署情况开展民主监督。"③作为民主的实践模式，社会主义协商民主需要发展成为协商治理。本书对当代中国协商治理的考察离不开

---

① 杨光斌：《从国际政治比较看"治理民主"的优势》，《北京日报》2015 年 6 月 15 日第 18 版。

② 习近平：《在庆祝中国人民政治协商会议成立 65 周年大会上的讲话》，北京：人民出版社，2014 年，第 15 页。

③ 习近平：《在中央政协工作会议暨庆祝中国人民政治协商会议成立 70 周年大会上的讲话》，《人民日报》2019 年 9 月 20 日。

对协商民主逻辑的探究。我们认为,协商民主存在于基本政治制度之中,以中国经验展示。在体制内积极探索具体路径是当下推进协商民主以实现成功国家治理的基本方式。我们知道,当代中国协商民主主要形式有政治协商、社会协商等。本书对"协商治理中国样态"的分析离不开对协商民主基本形式的判断,但侧重于对协商治理的具体展示——社会治理与地方治理——展开论述,而无论是社会治理,还是地方治理,都通过政治协商、社会协商等为基本的协商民主形式实现。在进入对协商治理具体展示样态的分析之前,需要明晰学界的协商治理研究状况,包括取得的成绩、存在的问题以及可能的应对策略。

一、当代中国协商治理研究所取得的成绩

本质上,人的需要的多样与多元决定了民主的必需。这激发了学界对民主形式的探寻与摸索。1980 年,"协商民主"的概念由约瑟夫·毕塞特在《协商民主:共和政府中的多数原则》一文[①]提出。此后,西方学界在 20 世纪 90 年代渐渐掀起了对协商民主研究的潮流。"协商民主不论是在观念上还是在实践上,都和民主本身一样古老,它们都可以追溯到公元前五世纪的雅典。""雅典民主中诡辩与煽动性演说可以看作是辩驳式公开讨论的源头。"[②]较为普遍的共识是,协商民主是公民通过自由而平等的对话、讨论等方式,参与公共决策与公共生活。国内学界展开了对"协商民主"的研究主要有以下几个方面:其一,协商民主理论研究。一是对西方协商民主的理论基础、逻辑演进与发展走向等进行研究[③]。这对于反思、批判与超越西方协商治理理论及丰富我国协商民主理论发挥了重要作用。二是对中国特色社会主义协商民主理论的产生、演变与延展等进行研究,包括习近平社会主义协商民主思想、中国共产党协商民主学术话语的百年国际传播[④]。等。其二,协商民主实践研究。可细化为对西方协商民主实践与当代

---

① 陈家刚:《协商民主与国家治理:中国深化改革的新路向新解读》,北京:中央编译出版社,2014 年,第 4 页。

② 林尚立:《协商民主:中国的创造与实践》,重庆:重庆出版社,2014 年,第 13 页。

③ 刘明:《西方协商民主理论中的程序与实质》,《西南大学学报(社会科学版)》,2019 年第 1 期;齐艳红:《西方协商民主理论的"多维自由"及其局限》,《南开学报(哲学社会科学版)》,2020 年第 3 期。

④ 历有国:《当代中国马克思主义民主理论的新发展——学习习近平关于社会主义协商民主的重要论述》,《世界社会主义研究》2019 年第 6 期;邢玲:《社会主义协商民主的理论姿态》,南京师大学报(社会科学版)2020 年第 3 期;吴学琴:《中国共产党协商民主学术话语的百年国际传播探析》,《学术界》2021 年第 6 期

中国协商民主实践的研究。具体而言,主要包含有:西方代议制民主发展过程中,各种社会问题的出现尤其是代议制民主本身所引起衍生的问题使得协商民主渐次复兴并发挥重要作用;当代中国的协商民主的基本内涵与现实定位、中国协商民主实践的特色与独特优势、意义、功能与价值以及问题与可能应对①。对于社会主义协商民主学理上的阐释,散见于各级各类理论刊物尤其是社会主义学院学报上。结合各种现实问题从更为宽广的视域研究协商民主的成果也非常丰富。如立足社会转型期的利益分化探讨协商民主的有效性问题,探讨舆情表达机制与协商民主实践之间的互动关系,总结协商民主的基层经验,等。我们知道,与协商民主理论同在当代西方政治哲学复兴之后兴起的治理理论之现代发端始于 1989 年世界银行首次使用的"治理危机"(crisis in governance)。英语中的"治理"源于拉丁文与希腊语,意为控制、引导与操纵。全球治理委员会将之定义为"各种公共的或私人的机构管理其共同事务的诸多方式的总和,是使相互冲突或不同的利益得以调和并且采取联合行动的持续的过程。这既包括有权迫使人们服从的正式制度和规则,也包括各种同意或认为符合其利益的非正式的制度安排"。② 署名智贤发表在"公共论丛"《市场逻辑与国家观念》专辑(1995 年)上的论文《GOVERNANCE:现代"治道"新概念》被认为是国内最早介绍"治理"或"治道"的文章。自此,学界展开了理论剖析,涉及治理的内涵、兴起的背景、全球治理等。

协商民主与治理在理论与实践上存在着严密的内在逻辑关联性。一定意义上,基于协商民主的治理可以统称为协商治理。对协商民主与治理的研究中自然蕴含了协商治理研究的内容。国内学界对"当代中国协商治理"的研究早期更多围绕制度化的"社会主义政治协商"展开,同时有对基于西方语境之下的"协商民主"与"治理"互相促进作用的分析,其他较为有意义与价值的研究,集中在:其一,对中国协商治理的基本内涵、基本特点、价值诉求等的分析,基于此,运用中

---

① 吴兴智:《利益分化社会中的协商民主及其有效性问题》,《南京社会科学》2015 年第 7 期,第 69 - 76 页;于家琦:《舆情表达机制与协商民主实践》,《新视野》2015 年第 4 期,第 10 - 16 页;任中平、王菲:《基层协商民主的经验、价值与启示——以成都市青白江区芦稿村为例》,《党政研究》2015 年第 4 期,第 82 - 87 页;陈家刚:《地方领导干部视野中的协商民主:发达地区与欠发达地区的比较分析》,《湘潭大学学报(哲学社会科学版)》2021 年第 3 期。

② 全球治理委员会:《我们的全球伙伴关系》,香港:牛津大学出版社,1995 年,第 23 页。

国协商治理理论从宏观层面分析中国的问题与现象①;其二,对协商治理中国个案的解读②;其三,后发国家协商治理及其对当代中国的启示③。

表面上,虽然学界对于西方语境下协商民主与治理概念的基本内涵,诸如协商民主与治理的缘起背景及发展走向、协商民主与治理的普遍适用性及其经验取向等获得了较为一致的看法,但是,对于"当代中国协商治理"的理解与认识仍然存在分歧与争议。这关涉到透析治理理论当代中国有效适用,乃至中国语境下协商治理对西方治理理论的借鉴与超越——西方的"治理"强调的是权威的多元化、分散化,而中国的协商治理主张的是执政党领导下的多元主体共同治理,强调的是推进现代国家建构与协商治理的统一④。在十九大报告中,习近平总书记强调"协商民主是实现党的领导的重要方式,是我国社会主义民主政治的特有形式和独特优势。要推动协商民主广泛、多层、制度化发展,统筹推进政党协商、人大协商、政府协商、政协协商、人民团体协商、基层协商以及社会组织协商。加强协商民主制度建设,形成完整的制度程序和参与实践,保证人民在日常政治生活中有广泛持续深入参与的权利。"⑤

二、当代中国协商治理研究中存在的问题

在习近平新时代中国特色社会主义思想指导下,应该说,学者们对协商民主与治理的研究充满了启发性,尤其是结合中国实际的研究更是比较深入的。但是,现有研究,还是存在如下的问题:

其一,协商民主研究中的泛化与不足。当前,协商民主研究风靡学界,这一点与治理研究极其相似,"协商""协同""协作""合作"等时髦的词汇充斥各类媒

① 王浦劬:《中国协商治理的基本特点》,《求是》2013 年 10 期,第 36 - 38 页;王岩:《协商治理的价值诉求》,《光明日报》2015 年 6 月 13 日第 7 版;彭勃:《向"大协商"的现代治理模式转变》,《国家治理》2014 年第 6 期,第 25 - 27 页;胡象明:《协商治理:中国公共管理体制改革的目标模式》,《学术界》2013 年第 9 期,第 66 - 72＋306 页。

② 何包钢:《协商民主和协商治理:建构一个理性且成熟的公民社会》,《开放时代》2012 年第 4 期,第 23 - 36 页;吴兴智:《公民参与、协商民主与乡村公共秩序的重构——基于浙江温岭协商式治理模式的研究》,杭州:浙江大学博士论文,2008 年。

③ 常士闇:《协商治理与民主建设——以东亚国家民主巩固为背景》,《晋阳学刊》2013 年第 1 期,第 106 - 114 页。

④ 郁建兴:《治理与国家建构的张力》,《马克思主义与现实》2008 年第 1 期,第 86 - 93 页。

⑤ 习近平:《决胜全面建成小康社会 夺取新时代中国特色社会主义伟大胜利——在中国共产党第十九次全国代表大会上的报告》,北京:人民出版社,2017 年,第 38 页。

体,然而,当前研究或陷入对各词做类词源学的解读,或直接有意无意忽略各词的基本含义。协商民主研究几乎囊括了古今中外所有的民主形态——因为号称民主怎么可能没有协商呢? 一定层面上,协商本来就是民主的内在属性。"协商"的中国特色是什么?"协商"的中西方差异是什么? 笔者以为,与其考究deliberative democracy 有几种译法,不如切实探寻中国语境下协商民主的实际状况。事实上,"协商民主"的译法不但有话语上的优势,而且其基本获得了较为普遍的认可。

其二,治理研究中的西方与中国。当前,"治理"及其相关问题研究成为人文社会科学研究的热门话题。但是,在对一个概念基本意涵没有达成基本共识的情况下,对其大肆宣扬有时候可能会形成"逆反心理"使学术研究丧失了其严肃性。

出于对现代化的渴求,改革开放以后,整个中国社会都在比较热烈地学习西方,然而,是否所有的学科与专业都需要如此表面化地学习西方? 反映在治理研究上就是,将"治理"与传统的国家统治与政府管理、与新公共管理等同[1],将社会性自主治理与政府治理混同。"治理是个筐,政府改革往里装"[2]。似乎什么都是"治理",都可以用"治理"解读。由于协商民主与治理的密切关联性,治理研究过程中的问题同样出现在协商治理研究中。概言之,上述问题归根结底在于对协商治理的中国本土研究远远不够。

三、当代中国协商治理研究的目标与原则

协商治理研究不能无视对西方治理理论及其有效适用的研究。笔者以为,西方治理理论有效适用集中体现在该理论给予我们的启示:理论上,形成中国协商治理话语;实践中,推进中国协商治理路径以及其给予我们启示发挥作用的基本逻辑理路。以分析西方治理理论有效适用切入中国协商治理研究,需要澄清的是:其一,"治理"的基本含义;其二,"治理"研究持守的基本思路;其三,治理适用的过程意义—推进现代国家建构与中国协商治理。这里需要回应两个问题:第一,西方治理理论的中国有效适用,是否有必要使其中国化? 第二,能否实现中国化? 对于第一个问题的解答在开放社会的当下已经不言而喻。迫切需要应

① 申建林、姚晓强:《对治理理论的三种误读》,《湖北社会科学》2015 年第 2 期,第 37 - 42 页。

② 李春成:《治理:社会自主治理还是政府治理?》,《探索与争鸣》2003 年第 3 期,第 11 - 12 页。

对的是第二个问题,如何寻求对于西方治理理论工具理性的适用,对其中价值理性予以批判,这立足于对中国现实的深入理解与把握,否则只能是徒劳,因为西方治理理论是在政府体制与市场体制基本成熟的情势下衍生出来,并在实践中得以验证。一定意义上,实践层面,中国对西方治理理论的适用更多是倒逼现代国家建构。或者说,中国协商治理需要在推动现代国家建构中逐步成长与成熟起来。质言之,推进协商治理中国研究的逻辑如图5-1所示如下:

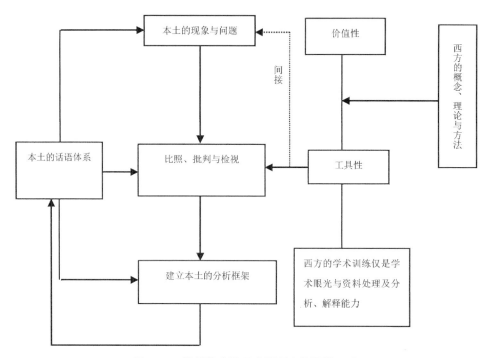

图5-1 推进协商治理中国研究的逻辑理路

本书认为,深刻透析本土的现象和问题,进而形成本土的话语体系是协商治理研究的可能策略。这一过程中需要恪守的基本原则是:

其一,注重学术性与意识形态性的平衡。虽然我们可以借鉴西方的先进理论,学习他们的先进经验,但是,不可否认的是,除了中国人自己,没有人会替我们认识与解决我们自身存在的问题。因此,协商治理研究需要首先树立立足本土[①]的学术意识,也就是说,我们要研究的是本土的现象和问题。应该着眼于本土的现象和问题去考察治理理论的有效适用,而不是仅仅扭住治理理论所谓"先进"的概念与理念套用在中国实际上,因为这些概念与理念之所以"先进"是因为其满足了西方本土的需要,使得其是其所是。

其二,注重普适性与特色性的协调。在协商治理层面就是注重西方治理理论中蕴含的普遍适用性的成分与中国特色社会主义协商之间的借鉴与互通。"和平、发展、公平、正义、民主、自由,是全人类的共同价值。"[②]在研究协商治理相关问题时,不能无视西方先进经验及其中蕴含的共同价值,但更要关注中国自身的特色,因为"中国社会主义协商民主丰富了民主的形式、拓展了民主的渠道、加深了民主的内涵。"[③]

其三,注重全局性与差异性的搭配。在我国发达地区,协商治理实践较为显著。但是,企图将带有明显发达地区特色的协商治理经验推广到全国则比较困难,毕竟中国各个地区之间发展不平衡。因此,在研究过程中要特别关注中国协商治理基本内涵与困境的全局性与各领域、各地区、各基层社会协商治理的差异性。

四、中国协商治理话语体系的构建:本土研究的可能之策

中国作为一个占世界人口四分之一的超大国家,世界第二大经济体,自改革开放以来所取得的一系列成就与其独特的制度密切相关。习近平总书记指出:"当代中国的伟大社会变革,不是简单延续我国历史文化的母版,不是简单套用马克思主义经典作家设想的模板,不是其他国家社会主义实践的再版,也不是国外现代化发展的翻版。"[④]因此,必须构建体现中国话语基本世界观、基本思想方

---

① 翟学伟在《中国人行动的逻辑》一书的"自序"中指出,本土化就是让我们在研究时换一个角度,即不直接通过西方学科中的概念、理论和方法来发现现象和问题,而是从本土的现象和问题出发,来寻求相应解决问题的途径、方法和对应工具,建立本土的学术概念、理论和分析框架。本土现象和问题的客观准确认识,应该是学术性的。换句话说,对本土的现象和问题的客观准确把握应该是服务于学术目的的。翟学伟:《中国人行动的逻辑》,北京:社会科学文献出版社,2001年,自序第3页。

② 刘建飞:《为中美新型大国关系加油》,《光明日报》2015年10月13日第2版。

③ 中共中央文献研究室:《习近平关于社会主义政治建设论述摘编》,北京:人民出版社,2017年,第67页。

④ 中共中央宣传部:《习近平新时代中国特色社会主义思想学习纲要》,北京:学习出版社 人民出版社 2019年,第31-32页。

法、言语生成规则和理解规则、言语交往道德、基本原则、基本评价标准、问题意识的协商治理话语体系：

其一，以"中国梦"为基本目标构建协商治理话语体系。协商治理的有效推进需要全体中国人民上下一心、团结合作。破解利益诉求复杂化、经济结构多样化、社会阶层多元化等现代治理难题，需要在中国共产党领导下，依赖多元主体的广泛参与、协商共进，通过多方合作，实现合力共赢。从宏观层面来看，协商治理是助推中华民族伟大复兴的中国梦全面实现的有力保障。习近平强调中国梦"是每一个中华儿女的共同期盼"。中国梦的实现需要全社会的力量，尤其是需要发挥基层群众的首创精神。这里谈论的是协商治理的主体方面。对于判断包括协商治理在内的社会发展的标准，"要处理好活力和有序的关系，社会发展需要充满活力，但这种活力又必须是有序活动的。死水一潭不行，暗流汹涌也不行。"[1]

其二，以全面深化改革为基本场域构建协商治理话语体系。全面深化改革的总目标是"完善和发展中国特色社会主义制度，推进国家治理体系和治理能力现代化"。全面深化改革为推进协商治理及其话语体系构建提供了基本场域。只有在全面深化改革视域下，才能构建起具有现实根基的协商话语体系。"必须更加注重改革的系统性、整体性、协同性，加快发展社会主义市场经济、民主政治、先进文化、和谐社会、生态文明，让一切劳动、知识、技术、管理、资本的活力竞相迸发，让一切创造社会财富的源泉充分涌流，让发展成果更多更公平惠及全体人民。"[2]这里充分强调了改革与发展的协同性，"让一切创造社会财富的源泉充分涌流，让发展成果更多更公平惠及全体人民"，是协商治理理念的基本体现。此类话语亦体现出诸如生成规则、理解规则等中国话语的基本特征。

其三，以中国实践为基本素材构建协商治理话语体系。协商治理的切实推进离不开改革的全面深化。实践为话语提供了丰富的素材。立足实践的话语体系构建才能具有说服力。协调统一的话语反过来有力地推进了协商治理的深入发展。早在 2000 年前后，浙江省温岭市就已经出现了"民情恳谈""村民民主日""农民讲台""民情直通车"等协商治理形式，这些形式后来被当地统一命名为"民

---

[1]　习近平：《切实把思想统一到党的十八届三中全会精神上来》，《人民日报》2014 年 1 月 1 日第 1 版。

[2]　《中国共产党第十八届中央委员会第三次全体会议公报》，http://politics.people.cn/n/2013/1113/c1024 - 23520857.html，2015 年 10 月 2 日。

主恳谈"。随后"民主恳谈"由镇村两级延伸至非公有制企业、城镇社区、事业单位乃至市级政府部门①。典型的协商治理话语还有"社会治安综合治理""源头治理""两票制"等。推动协商治理实践发展为构建协商治理话语体系提供了根本可能。现阶段,我国人民政协工作的总体要求是:"紧紧围绕协调推进全面建成小康社会、全面深化改革、全面依法治国、全面从严治党履行职能,做到协商民主有新加强,民主监督有新举措,制度建设有新进展,增进团结有新作为,履职能力有新提高。"②在实践发展的同时,协商治理话语体系必定随之衍生、丰富与完善。

需要特别指出的是,本书论证的是"当代中国协商治理研究"中需要注意的问题及应对问题可能的策略。而对于问题的彻底解决则既需要发展中协商治理实践的持续推进,也需要协商治理研究的归纳、总结与前瞻性指导,更需要实践与理论的有效互动,这体现出"协商治理"的"协商"与"治理"的意涵。

第二节 治理的中国样态:协商治理

治理理论的启示意义体现在实践与理论两个层面。通过对多元主体之间紧张与互动关系的阐释,治理理论塑造了中国适用的基本样态。当下中国协商治理的逻辑展开需要关注的焦点在于:主导主体为中国共产党;关键对象是市场秩序的构建,尤其是国有企业改革。执政党在协商治理中发挥道德榜样的作用。此作用的发挥需要制度化的协商治理。协商治理的推进不能偏离社会主义的基本语境。

一、从治理理论的有效适用到中国协商治理的逻辑

作为后发国家,特别是作为后发社会主义国家,中国的崛起必定是话语体系与制度框架的重构。这不仅会引起其他国家,尤其是西方国家的不适,同样会引起中国自身种种社会群体的无所适从。其中包含着对西方先进理论的基本态度与立场。学习先进才能赶超先进,这本应是普遍的共识。但因何学习,如何学习是接踵而至的问题。我们固然不能简单套用西方治理理论来解释中国治理现象

---

① 王诗宗:《治理理论及其中国适用性》,杭州:浙江大学出版社,2009 年,第 170 页。
② 《全国政协十二届三次会议在京开幕》,《人民日报》2015 年 3 月 4 日。

与问题,但同样不能一味拒斥西方的先进理论。正如上文所说,中国学者治理研究的主要理论倾向在于:第一大类对治理的主要论点是,政府为主导,通过引入社会中的诸如第三部门、社会等参与群体和参与者来实现治理。该类学者普遍肯定了政府在治理过程中的主导地位。第二大类主要论点是,公共事务的治理须通过发展社会来实现。此类学者把治理关注点集中于第三部门的发展和社会的培育。第三大类主要论点是,通过政府内部诸如沟通机制、层级结构的改革来实现治理。此类学者对于治理的理解集中在政府内部的改革,认为只有通过政府行为方式等的改革才能实现真正意义上的治理。第四大类的主要论点是,治理的实现需要多方博弈。这类观点包括了上面三种理解的一些内容;承认多元主体的紧张关系,也强调主体间互动的必要性①。就当代中国而言,治理的推进是现代国家建构的过程。此处建构的"现代国家"是以马克思主义国家理论为指导的,这是探讨治理理论及其实践在我国可能的应然视域。

从字面上理解,"协商治理"是基于"协商"的"治理",是协商民主与国家治理的有机结合,是通过协商民主进行治理,实现治理。自西方的治理复兴以来,多重意涵的"治理"被援引入中国,虽然对其理解众说纷纭,但却形成了对其较为积极的关注。在"完善和发展中国特色社会主义制度,推进国家治理体系和国家治理能力现代化"成为全面深化改革的总目标写入中共中央文献之后,对于西方治理理论可以适用于中国持否定性意见的声音逐渐消弭。对于国家治理的认识可以基于多个视角展开。如从内容角度看,政府治理、市场治理与社会治理构成了现代国家治理体系的基本体系;再如,国家治理可以分为治理体系和治理能力两大维度,两者有机统一为一个整体。等。但本书认为,统括来讲,在地球村真正实现之前,主权国家依然为国际政治的应然主体。主权国家的任何制度安排,只要该国家仍然试图继续维续下去,就应该满足其国家、民族、社会、民众为其自身。具体而言,根本上,"社会主义协商民主是中国共产党和中国人民的伟大创造,是中国社会主义民主政治的特有形式和独特优势,是党的群众路线在政治领域的重要体现,具有鲜明的中国特色。"②根本上,协商治理在当代中国的意义与价值在于使其符合中国实际,满足中国需求,彰显推进现代国家建构与协商治理的双重目标。

---

① 　王诗宗:《治理理论及其中国适用性》,杭州:浙江大学出版社,2009 年,第 139－140 页。
② 　人民出版社编:《关于加强社会主义协商民主建设的意见》,北京:人民出版社,2015 年,第 19 页。

二、协商治理的利益平衡功能：执政党的作用与典型例证

领导治理权威的不断流失导致"治理失败"①。目前，社会各个阶层，特别是基层政府及基层工作人员对协商治理缺乏基本共识。一些地方协商治理的创新形式与机制很难得以持续性保护与完善。这需要进一步推进依法治国的落实。治理理论与实践表明受到有效监督的政府、得到有效监管的市场与逐渐成熟的社会之间的有机合作是应对复杂社会问题的不二选择。"加强协商民主建设，有利于听群言、集民智、增共识、聚合力、促和谐，有利于促进科学决策、民主决策，有利于更好实现人民当家作主的权利，有利于增强中国特色社会主义道路自信、理论自信、制度自信。"②

第一，作为主导主体的中国共产党及其权威。作为研究一种分析框架，治理有助于"辨识重大问题"。但是，由于一般性的治理理论和普适性的制约原则与作为民族或社会的富有个性的历史、文化、价值观等诸方面存在内在冲突的可能性，一般意义上的治理同样会遇到"失败"。同时，统一的治理模式与不同国家在国体、政体、体制、机制等方面的内在矛盾性使得治理的意识形态性无法回避。一般意义的"治理"预示着治理普遍适用的可能性，但治理的失败与意识形态性更加凸显了探寻与研究治理特殊形态的必要性。

如何实现对类似治理理论蕴含的普遍性价值的借鉴，同时又可以确保对协商治理的主导是对执政党的考验。需要辨识的是中西方对民主的不同理解与需求，明晰作为党领导下多元主体的中国"政治人"真正"想要什么样的民主"。西方治理理论所强调与主张的民主是有竞争性选举的。而中国的民主就是政府和领导人要代表人民利益。③ 中国的发展得益于一个中性政府所起的平衡作用。主导协商治理的中国共产党需要平衡各种利益，真正代表人民利益。"执政党权威"是个老生常谈的问题，但是又是一个常谈常新的问题。成功推进当代中国协商治理的过程就是执政党不断积聚权威的过程。中国共产党是责任与使命型政党。带领中国人民使得"中国为中国、中华民族为中华民族、中国社会为中国社

---

① 这里的"治理失败"是未曾发挥治理基本功用之前的"失败"。

② 《中共中央政治局召开会议 研究部署党风廉政建设和反腐败工作 习近平主持》，《人民日报》2014 年 12 月 30 日。

③ 张明澍：《中国人想要什么样的民主》，北京：社会科学文献出版社，2011 年。

会、中国人为中国人"是中国共产党的责任与使命。这与西方的执政党是不同的。西方的治理理论基于多元主体竞争替代的基础之上,中国协商治理则是多元主体的和谐并进。

第二,市场秩序的现代构建:以国有企业为例证。类似"这一年油价到了不如一瓶水境地"①之类说辞的出现,从一个侧面说明利益平衡的困难与必要性。市场决定性作用的发挥阻碍的因素之一是国有企业改革不到位。国有企业改革是经济体制改革的中心环节。首先要面对的是国有企业发展的问题。国有企业获得长足发展的基本态势下,问题的关键不在于是否要坚持公有制的主体与发展国有企业的问题——这在社会主义国家本来就不应该是问题,社会主义理应理直气壮地发展国有企业,而在于,做强做大国有企业到底是为了什么? 国有企业的"国有"性质如何体现? 最广大人民如何从国有企业的快速发展中分得一杯羹?② 国有企业不能搞私有化绝对不是其不进行改革的理由,绝不能成为国有企业不惠及普通民众的借口。平衡是国有企业治理的基本依循,需要考虑如下方面:"往前看",就是可以带领企业提高效率的人;"往后看",就是过去为企业发展做出贡献的人;"往左右看",就是包括普通职工在内的全社会;"往上看",就是执行政策与法律的国家政府部门。③

三、协商治理的道德示范功能:治理对道德的牵引与作为道德榜样的执政党

"政治制度在道德上最为有害——通过它们的精神产生最大害恶——的方式,是把政治职能看做一种恩赐,受委托人必须作为自己所欲望的东西去寻求这种职能,甚至为之付出代价,好像是有利于他的金钱利益的东西。"④协商治理制度化的缺失有可能消磨民众对于未来美好愿景的向往与追求。政治制度包含道德和结构两个方面的内容。主导协商治理的是中国共产党,推动治理对道德牵引作用的亦是中国共产党。

---

① 《中石油新年献词:这一年油价到了不如一瓶水境地》,http://finance.ifeng.com/a/20170103/15120139_0.shtml,2017 年 2 月 8 日。
② 边燕杰与罗根(Bian & Logan,1996)的"权力连续假设"指出,在市场化进程中,政治资本要素并没有消失,市场化改革反而使权力与资本相结合的利润大大增加。参见何艳玲:《"回归社会":中国社会建设与国家治理结构调适》,《开放时代》2013 年第 3 期,第 29-44 页。
③ 张维迎:《什么改变中国——中国改革的全景和路径》,北京:中信出版社,2012 年,第 114-115 页。
④ [英]密尔:《代议制政府》,汪瑄译,北京:商务印书馆,1982 年,第 139 页。

第一，制度化的协商治理：治理对道德的牵引。与西方的"治理"不同，中国协商治理强调的是执政党领导之下的多元主体共同治理。协商治理的基本方式是协商民主。"协商民主是我国社会主义民主政治的特有形式和独特优势，是党的群众路线在政治领域的重要体现。"①中国的协商治理是与"完善和发展中国特色社会主义制度"根本关联的，以"完善和发展中国特色社会主义制度，推进国家治理体系和国家治理能力现代化"为必然指归。

中国的协商治理必须是以中国特色社会主义道路为基本持守、以中国特色社会主义理论为基本指导、以中国特色社会主义制度为基本依托。中国协商治理是在中国特色社会主义道路的既定方向上，在中国特色社会主义理论的话语语境中，在中国特色社会主义制度的坚持和完善的改革意义上，中国共产党领导人民科学、民主、依法和有效地治国理政。② 协商治理的目的和归宿是完善和发展中国特色社会主义制度，是更好地坚持和发展中国特色社会主义，实现全体人民的福祉。中国协商治理本质上既不同于中国传统的"治国理政"，又有异于西方治理理论中的"治理"。

第二，不同的"治理"：作为道德榜样的执政党。"政治制度创造了人们特有的组织、思想习惯和习俗。人民的素质大部分是由他们怎么解决问题，怎样应付随之而来的冲突以及怎样引导利用政治制度谋求优势和统治的诱惑来界定的。政治体制作为一组正在从事的实际的和热衷参与的活动，界定了人民的政治生活方式。"③执政党能否担负起道德榜样作用，直接关乎执政合法性。

良好的道德形象本应为无产阶级政党的题中应有之义。但是，其一，腐败现象和"四风"问题④对执政党道德形象的树立、道德榜样作用的发挥造成极大的损害。既要坚守"执政党的道德宣示和行动的高标准"，即"廉洁自律准则"，同时要秉持"管党治党的尺子和党员的行为底线"，即"党纪处分条例"⑤。其二，习近平总书记强调"党内不能存在形形色色的政治利益集团，也不能存在党内同党外相互勾结、权钱交易的政治利益集团"。⑥ 我们党必须恪守全心全意为人民服务

---

① 《习近平谈治国理政》，北京：外文出版社，2014 年，第 82 页。
② 王浦劬：《科学把握"国家治理"的含义》，《光明日报》2013 年 12 月 29 日第 7 版。
③ ［美］埃尔金：《新宪政论》，周叶谦译，北京：生活·读书·新知三联书店，1997 年，第 152－153 页。
④ 吴灿新：《执政党道德形象的塑造》，《中共延安干部学院学报》2015 年第 4 期，第 108－111 页。
⑤ 王岐山：《坚持高标准 守住底线 推进全面从严治党制度创新》，《人民日报》2015 年 10 月 23 日第 4 版。
⑥ http://www.chinanews.com/gn/2016/01－12/7712113.shtml，2019 年 11 月 25 日。

的执政宗旨。应然层面,精英应该充当道德引领者的作用。一个社会的生活水平应该看普通民众,而道德水准则应该观察精英阶层。非良性滋生的利益集团不能引领道德前行。因此,建立有公正性、合理性、开放性的现代社会结构成为执政党发挥道德榜样作用的必然选择。

四、协商治理的政治发展功能:基本语境与基本原则

"中国社会主义协商民主,既坚持了中国共产党的领导,又发挥了各方面的积极作用;既坚持了人民主体地位,又贯彻了民主集中制的领导制度和组织原则;既坚持了人民民主的原则,又贯彻了团结和谐的要求。"[①]从具有中国特色的治理的目标和归宿而言,当代中国协商治理的过程,就是逐渐走向"自由人的联合体"的过程。当代中国协商治理是对西方治理理论与实践的借鉴,更是超越。

第一,当代中国协商治理是社会主义民主政治发展的过程。马克思主义认为,人的发展可以基于生产力和生产关系分为三个阶段,分别为:"人的依赖性"阶段、"以物的依赖性为基础的人的独立性"阶段以及"人的自由而全面发展"阶段。社会主义国家,包括其中的协商治理,是以实现人的自由而全面发展为根本诉求的。

社会主义政府要人民当家作主,社会主义国家是"社会共和国"。"社会""共和国"内含有"治理"的内容。马克思曾经高度赞扬巴黎公社这种组织形式,"公社……这是人民群众把国家政权重新收回,他们组成的力量去代替压迫他们的有组织的力量;这是人民群众获得社会解放的政治形式,这种政治形式代替了被人民群众的敌人用来压迫他们的假托的社会力量。"[②]列宁强调指出,无产阶级专政"是从国家到非国家的过渡,就是说,'已经不是原来意义上的国家'"[③],而是逐渐消亡的国家。作为"半国家"形式,苏维埃是新型的国家机构,它能够把议会制的长处和直接民主制的长处结合起来……[④]

第二,当代中国协商治理的基本原则是无产阶级专政。马克思指出,"这种专政是达到消灭一切阶级差别,达到消灭这些差别所由产生的一切生产关系,达

①　中共中央文献研究室:《习近平关于社会主义政治建设论述摘编》,北京:人民出版社 2017 年,第 67 页。

②　《马克思恩格斯选集》第 1 卷,北京:人民出版社,2012 年,第 532 页。

③　《列宁全集》第 31 卷,北京:人民出版社,1985 年,第 161 页。

④　《列宁选集》第 3 卷,北京:人民出版社,1995 年,第 295－296 页。

到消灭和这些生产关系相适应的一切社会关系,达到改变由这些社会关系产生出来的一切观念的必然的过渡阶段。"①无产阶级专政为人的自由而全面发展提供了现实可能性。由于国家的发展是一个渐进的过程,马克思主义经典作家认为,通向共产主义过渡时期的国家形态是无产阶级专政。

马克思指出,共产主义是"以每一个个人的全面而自由的发展为基本原则的社会形式"。② 马克思所谓的"人的解放"是要超越政治解放,克服市民社会的内在矛盾,使人从所有的异化关系下解放出来,从而成为自由的、全面发展的个人,这必然是一个客观历史过程。人类解放是一个历史活动,受到社会历史条件的制约,其间必然经历着社会发展的不同阶段,充满着人类自身为赢得全面而自由的发展所进行的社会实践活动,充满着为了实现人类社会自身的完善所进行的从政治统治到国家管理再到社会治理的文明演进过程。无产阶级专政是无产阶级统治与无产阶级民主的统一。在马克思那里,民主共和国、普选权、代议制等并不等同于资产阶级民主,而完全可以纳入无产阶级民主的范畴。③

五、治理理论有效适用与当代中国协商治理:理论与实践的良性互动

统括起来,笔者以为,对治理理论有效适用的过程意义的分析可以分解为"治理何以可能"与"治理以何可能"。其一,治理何以可能? ——治理理论有效适用的过程意义。对于治理理论当代中国的有效适用,有学者曾经指出,"没有政府的治理"虽然在传统中国存有一定的痕迹,但并不具备政治性。传统中国是分工共治而非竞争替代。故此,治理理论并不适用于中国④。本书认为,治理理论在中国的适用是过程意义上的,通过适用过程推动理论与实践的发展。这自然延伸出第二个问题。其二,治理以何可能? ——过程意义体现在哪里?众所周知,西方发达世界是在经历了市场失灵与政府失败之后,突出了对治理的强调和推崇。而在当代中国,市场所存在的问题,不仅仅是失灵的问题,准确地说,主要不是失灵的问题,而是缺乏公正运行的机制与体制。政府也并不失败,而是仍需进一步完善基本的行为规范。我们谈论治理理论有效适用时所面对的压力主

---

① 《马克思恩格斯选集》第 3 卷,北京:人民出版社,2012 年,第 140 页。

② 马克思:《资本论》第 1 卷,北京:人民出版社,2004 年,第 683 页。

③ 郁建兴:《马克思国家理论与现代代》,上海:东方出版中心,2007 年,第 116 - 146 页。

④ 王向民:《没有政府的治理":西方理论的适用性及其边界——以明清时期的南方社会组织及其公共服务为例》,《学术月刊》2014 年第 6 期,第 138 - 150 页。

要有：现代制度建设的压力；有效治理本身所需要的制度建设的压力；预防治理"过度"所带来的负面效应的压力。推进现代国家建构与中国协商治理是治理理论有效适用过程意义的集中概括。虽然当代中国尚未实现真正意义上的现代化，但这不是拒斥现代化价值诉求的借口，更不是脱离中国实际夸夸其谈的理由。严谨的学术研究应以促进理论与实践的有效互动为指归。推动中国协商治理理论与实践的有效互动是笔者近年来治理理论有效适用与中国协商治理研究主旨目标。

故此，将西方话语盲目意识形态化，动辄以斗争的角度看待西方的先进治理理论及其实践是不可取的。对包括治理理论在内的西方先进社会管理思想做有意学习吸收是必要的。而要想实现这一点，必须要实现西方话语的中国化。有学者将"治理理论本土化遭遇的难题"主要归结为"国家责任的必要性、主体人格的特质以及话语体系的冲突"，强调指出"治理理论要想实现本土化，就需要修正其'公民'概念，理解好'中国人'和'人民'的概念内涵"，基于中国实际解读"民主集中制建设""党的领导体制与执政方式""群众路线""系统治理""就地解决群众合理诉求机制""涉法涉诉信访依法终结制度"等。① 笔者亦曾指出，当代中国协商治理的基本逻辑是：当代中国协商治理突显的是党领导下多元主体的共同治理。西方治理理论的多元主体之间是竞争替代的关系，而中国的协商治理是对西方治理理论的借鉴与超越。治理理论当代中国的有效适用体现在借由这一过程对照理论找不足、批判理论防陷阱、检视理论寻方法。协商治理较为突出的问题有：权威的流失、共识的不足、机制的欠缺、保障的乏力。推动社会主义协商治理，需要为中国政治"新常态"增添严格的官员责任追究制的内容，使得广大人民，尤其是直接领导与负责协商治理的基层政府形成中国协商治理基本要义理解的共识，"敬畏民意"绝不能仅仅成为一句口号，将协商治理制度创新纳入基层政府评价体系，积极探寻贴合地方实际的协商治理形式，依法保护广大人民群众最基本的权利。② 这体现了本书对治理理论有效适用与当代中国协商治理研究的一贯方向，即努力促成理论与实践的良性互动。

---

① 郑杭生、邵占鹏：《治理理论的适用性、本土性与国际化》，《社会学评论》2015 年第 2 期，第 34－46 页。
② 王岩、魏崇辉：《协商治理的中国逻辑》，《中国社会科学》2016 年第 7 期，第 26－45＋204－205 页。

第三节　基层社会治理的理性认知与实践路径

党的十八届三中全会在《中共中央关于全面深化改革若干重大问题的决定》中明确提出，"创新社会治理，必须着眼于维护最广大人民根本利益，最大限度增加和谐因素，增强社会发展活力，提高社会治理水平。"这是中央文件首次提出"社会治理"，是对我国尤其是新中国成立以来社会管理理论经验与教训的总结，体现出对社会管理规律的认识与运用越来越准确。在对社会管理认识深化的过程中，当代中国基层社会管理经历了从全能型社会管理、主导型社会管理到社会治理的演变。基层社会治理理论与实践发展的进程汲取了治理理论及其实践的有益成分，同时又紧扣当代中国实际。

一、基层社会治理的理论与实践：公共治理之当代中国有效适用

基层社会[①]治理一直是学界关注的热点，特别是党的十八届三中全会提出"全面深化改革的总目标是完善和发展中国特色社会主义制度，推进国家治理体系和治理能力现代化"[②]以来。学界基本共识是，所谓"基层社会治理"，从动态的角度讲，就是"治理基层社会"。中国的基层社会治理是由中国共产党领导，政府主导，社会、公民等多方面主体参与治理基层社会公共事务的活动，"以实现和维护群众权利为核心，发挥多元治理主体的作用，针对国家治理中的社会问题，完善社会福利、保障改善民生，化解社会矛盾，促进社会公平，推动社会有序和谐发展的过程。"[③]当代中国基层社会治理在"后单位社会"时代，探索出强调行政管理的"上海模式"与强调社区自治的"沈阳模式"，以取消街道办、减少行政层级为主要特征的"铜陵模式"，以居站分离为主要特征的"深圳模式"，等，并基于此，

---

① 需要明确的是"基层社会"的概念。对于何为基层社会，并无统一定论。可以看到的关于基层社会较有影响的界定是公务员考试报考规定中的"基层和生产一线工作经历"。所谓"基层和生产一线工作经历"，是指具有在县级以下党政机关（含参照公务员法管理机关和事业单位）、国有企事业单位、村（社区）组织及其他经济组织、社会组织等工作的经历。当然，还有一些其他视域的解读。比如，相对于中央来说，地市级也可以归于"基层"一类。本书这里理解的"基层社会"是指城市街道办事处和居民委员会辖区共同体、县及其以下乡镇和村委会辖区共同体。
② 《中共中央关于全面深化改革若干重大问题的决定》，北京：人民出版社，2013年，第3页。
③ 姜晓萍：《国家治理现代化进程中的社会治理体制创新》，《中国行政管理》2014年第1期，第24-28页。

探索构建"复合型"社会治理的网格化管理模式。[①] 虽然取得了显著的成绩,但是在制度规则、组织体系、运行机制等层面,基层社会管理体制机制运行状况依然堪忧。[②] 对此的更进一步认识需要对公共治理及其在当代中国的有效适用有基本的把握。

我们知道,智贤的《Governance:现代"治道"新概念》一文将 governance 译为"治道"[③],这一概念凸显了政府的作用,属于"政府治理"的研究途径。此外,还有"公民社会""合作网络"等研究路径。不论哪种研究路径,"公共治理"共同之处是,一定范围内多元主体基于多元目标,运用多样手段对公共事务进行协同管理的过程和活动。[④] 从西方国家社会现实来看,治理理论及实践的兴起是基于人们对政府、市场之不完美的认知,同时迎合了全球化带来的地方化趋势提出的去中心化、地方自治与公民参与的要求。公共治理理论的实施需要政治体制与架构的基本完备、市场机制与体制的发育充分等社会环境,而当代中国并未充分具备这些条件。在不具备充分条件的情况下,当代中国适用治理理论之可能性与现实性主要体现在:其一,对问题的倒逼。借由治理理论考察基层社会治理,不仅可以透析出多元主体这一公共治理有效适用核心要义上的缺失,更可以发现构建现代政府制度与市场制度之必要及关键所在。其二,对多元的推崇。传统的统治、管理强调和凸显的是唯一的主体,而公共治理则主张政府、市场、企业、社会组织与公民等多元主体通过多种方式的共同治理。其三,对整合的强调。公共治理对整合的强调是指为了应对日趋复杂的社会问题,需要整合多元主体的力量。当代中国,对公共治理的适用多了一层意涵:因为多元主体本身对各自的作用范围与空间缺少一致性互认,因此,在适用过程中对当代中国实际的挖掘与肯认显得非常重要。厘清当代中国基层社会治理中存在的问题成为不可或缺的步骤。

---

① 田毅鹏、薛文龙:《"后单位社会"基层社会治理及运行机制研究》,《学术研究》2015 年第 2 期,第 48 - 55 页。

② 陈振明等:《基层社会管理体制机制优化的策略——对于 F 省实践的分析》,《电子科技大学学报(社科版)》2012 年第 2 期,第 1 - 7 页。

③ 智贤:《Governance:现代"治道"新概念》,载刘军宁等编:《市场逻辑与国家观念》,北京:生活·读书·新知三联书店,1995 年,第 55 - 56 页。

④ 麻宝斌等:《公共治理理论与实践》,北京:社会科学文献出版社,2013 年,第 9 页。

二、当代中国基层社会治理中存在的问题

新中国成立以来，当代中国成功实现了对基层社会的管理。尤其是改革开放以来，通过激发多元主体的能量，基层社会治理取得了重大的成绩。但是，问题依然突出。现有的成果中已经包含了对城市基层社会与农村基层社会治理主体变迁及其原因、矛盾与趋势等的分析[①]。但是，对基层社会治理中存在问题的系统梳理尚显薄弱。而对问题的分析是有效应对的基本步骤。

第一，权责不清。基层社会治理中，各行为主体职能定位是不明确的，各行为主体之间的关系是不明确的。农村普遍存在的情况是，乡镇政府把村委会当作自己的直接下属，随意发号施令，使村民自治在很大程度上名存实亡。城市中，街道办事处俨然是社区的领导机构。虽然社区居委会名义上是自治组织，但实质上却一直在担当政府"形象代言人"的角色，发挥着政府的"基层派出机构"的作用。职能不明确、结构不明确实质上是权责不清。

而权力让渡与接受之动力来源于其背后的利益驱动。利益是促使行为主体主动谋求权力的直接动因。基层社会治理中，在利益面前，有些领域无人管，有些领域却多头管理。而在责任面前，经常出现互相推诿。权责不清不仅表现在部门之间，还表现在纵向以及部门内部。

第二，基本公共服务非均等性。我国基层社会治理中的失衡，既包含治理区域上的失衡，也包含治理阶层之间的失衡。发达地区的基本公共服务供给数量、质量相较欠发达地区、落后地区具有优势，农村基本公共服务水平总体上低于城市，东部基本公共服务水平明显高于中西部地区。城乡、地区、人群之间的基本公共服务存在差距。基本公共服务之发达地区、城市的实际优越性使得这些地方的基层社会治理总体优于其他地区。

之所以如此，很重要的原因是对于公共服务概念与范围的定义不清晰，以及政府职能转变的不到位，其他多元主体无法有效参与公共服务的供给。治理理论的理念上，引入竞争机制，通过合同承包、特许经营、委托、补助、出售、放松规制等方式，交由企业、社会组织、公民等多元主体提供部分公共服务，是救治基本

[①] 王星：《利益分化与居民参与——转型期中国城市基层社会管理的困境及其理论转向》，《社会学研究》2012年第2期，第20-34+242页。

公共服务非均等化的基本步骤。①

第三，价值观的扭曲。正向的价值观可以推动基层社会治理的运行，激发其道德教化正能量的发挥，从而使整个治理过程形成一个宣传积极价值观的良性循环②。而价值观的扭曲使基层社会治理无法有效推进。

如同一位社会学博士在返乡手记中所说的："如果一个人为了生存，连爱父母爱子女的机会都被剥夺了，你怎么可能指望他去爱别人，爱社会，爱自然？你怎么可能指望他能用超出金钱的标准来衡量别人的价值？所以我想说：现代生活是一种让人心肠变硬的生活。"③逐利的基层社会治理会偏离了自我服务、自我管理、自我教育的初衷，成为某些人或群体谋求经济利益的手段和工具。

第四，父爱主义的负面效应。对于改革开放以来当代中国所取得的巨大发展，任何客观的观察者都不能无视。同时对于所出现的问题，也不能回避。这些问题包括贫富差距、环境污染、社会道德观的迷失，以及一些消弭群体性事件组织化的可能性是推进基层社会治理的最低诉求。此基础上，需要深入思考引起群体性事件的原因之所在。父爱主义是其中之一。父爱主义模式指的是在一党执政的国家中，执政党作为社会的托管者，承担着无所不包的职能。④ 这里并不是说父爱主义政策没有取得正面效果，而是试图指出该政策在实施中的问题：一是普通民众拿到好处后第一天兴高采烈，第二天觉得理所当然，第三天就明显不满足；二是一旦政府做得不尽如人意，事情就容易上升到政治高度，老百姓就会要求政府负责；三是老百姓在拿到好处的同时可能提高了对政府的失望程度。⑤

第五，法治不完善。缺乏法治保障的精英共谋极有可能成为基层社会"恶霸"治理的开端，这充分彰显了中央扫黑除恶决策之正确性。同时，如上文所指，群众并不一定永远是对的。法治规范的缺失使得某些基层民众以极端行为解决问题。同样，由于没有法治的保障，企业与社会组织的权益也无法得到有效维护，它们的成长与成熟显得也非常困难。

---

① 唐亚林：《国家治理在中国的登场及其方法论价值》，《复旦学报（社会科学版）》2014年第2期，第128-137页。
② 卢跃东：《构建"法治、德治、自治"基层社会治理模式》，《红旗文稿》2014年第24期，第28-29页。
③ 《一位博士生的返乡笔记：近年情更怯》，http://www.21ccom.net/articles/china/gqmq/20150222121286_2.html，2015年4月6日。
④ 刘建军：《一党执政与现代民主的契合》，载刘建军、陈超群主编：《执政的逻辑：政党、国家与社会》，上海：上海辞书出版社，2005年，第22页。
⑤ 赵鼎新：《社会与政治运动讲义》第二版，北京：社会科学文献出版社，2012年，第6页。

三、公共治理视野下基层社会治理的方略转变

对当代中国而言,公共治理的主要功用是对问题的倒逼。推进公共治理的过程,找寻基层社会治理上存在的问题,以针对性地解决。要实现对问题的成功应对,这里以为,首先需要在方略上实现转变。

第一,从压力前行到主动进取。人类政治历史经历了从"统治"到"管理"再到"治理"的转变。治理在西方世界的兴起是对内外部压力与挑战的主动应对。这与中国的治理是不同的。"文革"十年内乱使得中国陷入整体性困顿状态。改革开放成为唯一选项。改革开放以来,上下互动的改革空间需要进一步拓展。在基层社会治理既有方略中,维持稳定的需要占据着重要位置。往往是只有当问题真正到了不解决就会引起治理失败,甚至引发群体性突发事件时,多元主体尤其是主导主体也无法真正认识到问题及其解决之关键所在,最终影响社会成功转型与良性发展。

对未来愿景的底线共识显得非常重要。这也是本书的基本工作之一。从宏观的角度来看,本书是在努力塑造对多元主体治理下基层社会治理方略转变与路径探究的共识。当代中国改革进入关键时期。可以改革的领域,好改革的方面,都已经改得差不多了。改革正在"过大关"。基层社会治理关涉到整个国家的成功转型与发展。传统的基层社会治理的旨趣之一是维持,在此基础之上,应对可能出现的危机。质言之,是压力前行式治理模式。真正意义上主动改革的最好亦可能是最紧要的时机已经到来。积极主动地认识基层社会治理中的问题,培育多元主体的成长与成熟,加强不同主体之间的整合,是公共治理适用于当代中国基层社会治理中的基本内涵。

第二,从一元主导到多元协商。治理与统治最基本的、本质的区别是主体。基于主体多元化的网络体系构建,手段多样化,目标函数多样化。多元主体并非是一元主导的完全拒斥。"多中心政治体制能够存在的可能性并不妨碍单中心政治体制能够存在的可能性。每一个可能性都取决于每个体制的重要的定义性特质,并说明这些定义性。而这要是单中心的政治体制也不一定妨碍这一可能性,即在这样的组织体制中可能存在着一些多中心的因素。"①关键是在于对多

---

① [美]迈克尔·麦金尼斯主编:《多中心体制与地方公共经济》,毛寿龙译,上海:上海三联书店,1999年,第72页。

元主体治理角色的准确定位,明确作为治理主体之中的一极,哪些是需要做的,哪些是不能做的,至少应该有最低层面的要求。

公共治理的基本力量是政府、市场、社会与公民。当代中国公共治理同时不能不考虑政党尤其是执政党的角色,更何况这一角色关涉到多元主体的治理能否实现。中国共产党"四个全面"强调指出"协调推进全面建成小康社会、全面深化改革、全面推进依法治国、全面从严治党,推动改革开放和社会主义现代化建设迈上新台阶",这一治国理政总体框架的实践必须依靠多元主体的共同努力。当代中国公共管理存在"双层整合":首先政府整合社会,然后政党整合政府。[①]

第三,从对立冲突到嵌入整合。西方治理理论及其实践的先入为主的理念是政府与市场、政府与社会、政府与公民是对立的。强制性地宣扬政府与市场、社会、公民对立的观念必定使得治理理论适用于当代中国时水土不服。因为中国社会的重要特征之一就是国家(政府)与社会向来不是明确分离的,两者的边界在很多情况下是模糊不清的。西方的多元主体建立在福利国家充分发展的自然衍生基础之上,具有充分的独立自主性。而当代中国的多元主体是黏合在一起的。笔者以为,这既然是个既定的现实,那么基层社会治理完全可以深入探索多元主体黏合的机制,寻求整合的中国可能与中国路径。这应该成为我们的优势。

治理理论是在经历了政府与市场、社会各主体相对独立而充分的发展之后发展起来的,政治制度与经济制度、社会制度的整合功能是健全的。虽然总体性社会已经逐渐走向解体,但是中国政府始终未与经济、社会剥离,这其中有传统文化的因素,也有现实需求的原因。在单位体制消解、户籍制度松动以后,基层社会"去组织化"的碎片状态出现,基层社会治理出现了大片真空地带。这种情况下,嵌入整合显得非常必要。卡尔·波兰尼在《大转型:我们时代的政治与经济起源》[②]一书中提出"嵌入"(embeddedness)一词。此后,该词被广泛应用于对社会网络、组织等的研究之中得以应用,用以阐释社会行为主体在持续交往互动中形成的关系与制度。不能否认,当代中国主导"嵌入"是执政党及其整合的政府。但是,同样不能忽视的是其他行为主体越来越大的整合作用。嵌入整合的

---

① 曾峻:《公共管理新论——体系、价值与工具》,北京:人民出版社,2006年,第138页。

② [英]卡尔·波兰尼:《大转型:我们时代的政治与经济起源》,冯钢、刘阳译,杭州:浙江人民出版社,2007年。

交互性应该受到充分的关注与重视。

四、多元治理下推进基层社会治理的路径

公共治理视野下,基层社会治理应该实现由被动到主动、从一元到多元、从自对立到嵌入的转变。按照党的十八大和十八届三中全会的要求,围绕构建中国特色社会主义社会管理体系,加快形成"党委领导、政府负责、社会协同、公众参与、法治保障"的社会管理体制。

第一,稳定与引导:发挥政党在基层社会治理中的领导功用。理想主义认为,政党的领导人是一台庞大机器中装备精良的部分,他们使大众的需要与政府的反应彼此联结,同时又使政府的行动从大众的反应中得到反馈,这就使得党牢牢维持住对政府的控制。[①] 当代社会政治生活中,政党操纵了政治制度的运作。政党在政治制度中独特的角色定位,不仅能通过权力和制度,而且还能通过思想意识和各种社会单位,组织和指导社会发展。[②]

执政党需要在维系执政合法性与促进社会发展之间求得平衡。其一,一如上文所指,执政党在基层社会治理中需要维系执政合法性,保持基层的相对稳定。这是推进基层社会治理的逻辑起点。其二,执政党需要引导多元主体在基层社会治理中的成长与成熟。这种成长与成熟包含了对现有政治制度认同的成分,同时亦有在此基础之上多元治理促进社会发展的因素。其三,上文提及,由于权责不清带来的基层社会治理失效。传统的观点是试图对立多元主体,这是基于西方政府与市场、政府与社会的对立而做出的。这里试图指出的是,当代中国,对立绝对不是多元主体共处的理想方式,这不符合中国人追求和谐的传统。因此,共产党在基层治理中需要发挥基于底线的平衡与协调的基本功能。

第二,构建与破除:政府在基层社会治理中负责作用的彰显。治理理论及其实践是在西方民主制度框架构建起来之后生长与成熟的。行之有效的民主政治体制塑造了负责的基层社会治理中的政府角色定位。对当代中国基层社会治理而言,公共治理具有促成我们认识政府责任定位的双重意涵:首先,基层社会治理必须构建切合国情的责任体系,切实解决谁负责,负什么责,如何负责等一系

---

① [美]詹姆斯·麦格雷戈·伯恩斯:《领袖论》,刘李胜等译,北京:中国社会科学出版社,1996年,第403页。

② 林尚立:《政党政治与现代化:日本的历史与现实》,上海:上海人民出版社,1998年。

列问题,切实使应该负责的人真正负起责来。其次,切实破除"官本位"观念和体制。公共治理就是要破除政府本位,尤其是要破除"官本位"思想和体制。官本位观念和体制是影响治理主体素质的重要因素。

第三,主体与对象:基层社会治理中社会协同的功能及其发挥。从治理理论的角度看,社会应该是操练多元主体的基本场所。社会可以为个体提供保护伞,又可以为个体提供争论、讨价还价的机会与可能,训练其成长与成熟,塑造理性的政治现实感,破除理想主义与狂热主义。马克思主义认为,国家会逐步向社会回归直至消亡。上文已经指出,公共治理在当代中国的适用可以倒逼问题,可以引起民众对政府自身存在问题的认知。传统的行政管理体制改革主要是基于政府内部展开的,政府机构始终无法走出"精简—膨胀—再精简—再膨胀"的怪圈。行政管理体制改革往复的过程有树立新政治权威的必要,却无法从根本上解决行政管理体制上的问题。现行体制之下,成功的政治体制改革,成熟的主导性治理主体必须依靠政府外部的压力与推进。

当前,典型的中国式治理实践形式主要有:一是国有中小企业与集体所有制经济领域的民营化实践,二是以自来水、供气、公共交通、污水处理为代表的公用事业领域的民营化实践,三是以中小学教育、医院为代表的公共服务领域的民营化实践。政府是地方治理的推动主体,也是改革的对象。[①] 在此过程中,企业、社会组织通过积极参与公共事务以获得成长,政府也可以获得更大的合法性。

第四,公开与平台:推动公民积极参与基层社会治理。一个超大规模的基层社会治理需要有序的公民参与。从中国之实际出发,确保基层社会治理中公民参与的实现,必须做到:其一,基层事务公开的制度化。笔者以为,相较于多元主体的遴选,中国人更为关注的是社会治理的运作。当务之急是基层事务的公开,保障公开的制度化。比如,四川省巴中市巴州区白庙乡推行的"政府公务费开支明细公式"项目制定了公示告知、情况反馈、过失问责、运转保障、人代会专题报告等制度保障财务公开的常态化。[②] 其二,媒体提供公民参与的可能平台,尤其是网络提供了公民参与的低准入平台。透过媒体,公民为公共治理出谋划策,对

---

① 唐亚林:《国家治理在中国的登场及其方法论价值》,《复旦学报(社会科学版)》2014年第2期,第128-137页。

② 高新华:《建设透明型基层政府的制度创新、困境与绩效——记四川省巴中市巴州区白庙乡政府财政制度改革》,载俞可平主编:《中国地方政府创新案例研究报告(2011—2012)》,北京:北京大学出版社,2014年,第203-204页。

政府行为评头论足,进而锻炼自身,推动政治体制改革。如,由辽宁省纪委、省监察厅、省政府纠风办于 2004 年 5 月创建的网络工作平台——民心网成为公开受理群众举报投诉和政策咨询的良好平台。[①]

第五,保障与救济:法治在基层社会治理中的价值及其体现。制度的法治化是当代中国基层社会治理的应然走向。法治化的诉求应该体现在如上各点之中。治理过程中,执政党的领导定位、政府的责任定位、社会的协同定位、公民的参与定位都需要法治来保障。借由法治维系执政合法性,在此基础上实现利益的平衡与协调,通过法治使应该负责的人真正负起责来,确保国家向社会放权的法治化,确保基层事务公开的法治化,确保公民通过媒体参与社会治理的法治化。

当下,相对于强势的治理主体,基层社会治理中的民众尤其需要法治保护。具体来说,其一,保障基层民众基本的权利。这自然包括了保障民众成为多元主体之一的权利,更为主要的是基本的权利。逻辑上讲,只有基本权利受到保障,基层民众才能拥有成为多元主体之一的权利。其二,畅通基层民众救济的渠道。无救济就无权利。党的十八届四中全会明确提出"健全公民权利救济渠道和方式"就是对此的肯认。一旦基层民众权利受到侵害,畅通的救济渠道成为必需。

公共治理在工具意义上蕴含着人类社会发展的基本方向,具有值得借鉴的地方。本书认为,在公共治理视野下考察当代中国基层社会治理必须立足当代中国的现实,科学把握治理中执政党的领导定位(基于底线的平衡与协调)、政府的责任定位(使真正应该负责的人真正负起责来)、社会的协同定位(向社会释放权力)、公民的参与定位(基层事务公开的制度化、通过媒体参与),才能促成法治化的基层社会治理制度。

第四节　地方治理中的协商民主、政府责任与公共精神

中共十八届三中全会基于"完善和发展中国特色社会主义制度"提出"推进国家治理体系和治理能力现代化"为我们研究治理相关问题指明了方向。作为一种理念,"治理"最早出现在世界银行 1989 年的研究报告《撒哈拉以南的非洲:

---

① http://www.mxwz.com/,2015 年 5 月 30 日。辽宁省民心网的成功经验得到其他的地方的借鉴,乌兰察布民心网、荣成民心网、牡丹江民心网等纷纷成立。

从危机到可持续增长》中,其核心要义是多元主体在共同目标之下通过多种方式实现公共利益。西方治理理论对中国有一定的借鉴意义。

一、我们需要什么样的"地方治理"

一般认为,地方治理,主要是指介于民族国家和社区之间的治理。[①] 当代中国地方治理是对全球化背景下地方化(localization)趋势的呼应,但是又有自身运行的基本逻辑:其一,主导的地方政府与参与的多元主体共同推进地方治理。地方政府是地方治理中的当然主角,这在当代中国表现得尤为明显。同时,国有企业、民营企业等多元市场主体、社会组织以及公民等主体参与地方治理的意识日益增强,途径与策略不断多样。其二,地方政府在地方治理中的自主性与能动性增强。中央向地方全面下放行政权、经济管理权和财权,极大激发了地方政府在治理中的自主性。其三,地方治理所涉及的范围不断扩张。缘起于经济领域的地方治理随着改革的深入自然覆盖到社会生活的各个方面。当前,地方治理存在如下问题。其一,多元主体有效互动的协商民主机制不完善。事实上,如果不能充分利用体制内的协商民主机制,只能使异己力量渐次产生进而危及执政权。而体制内协商民主机制的健全与完善在当代中国很大程度上依靠的是主导地方治理的地方政府。地方政府秉持何种治理责任理念,能否践行社会治理理念,决定其能否加强协商民主,能否推进地方治理。其二,主导地方治理的地方政府责任理念错位。应然层面,中国共产党是全心全意为人民服务的。各级政府理应如此。但现实生活中却存在着如下现象:地方政府或对上级负责,或对本辖区负责,或对本部门负责,甚至对官员个人负责,由此导致在某种程度上忽视人民的利益。其三,缺失影响多元主体治理行为的公共精神。当代中国地方治理的成功推进需要依靠基于中国实际的公共精神。

二、协商民主:地方治理的基本依托

协商民主可以锻炼民众,凝练民众对地方治理的理性认识。协商民主的有效加强有利于地方治理的成功推进,而地方治理的成功推进反过来又进一步加强协商民主。逻辑上,对地方治理中协商民主的探究回答了如下问题:我们需要

---

① 曹剑光:《国内地方治理研究述评》,《东南学术》2008 年第 2 期,第 65 - 72 页。

在怎样的情势下展开有效的地方治理？构成地方治理基本依托的是什么？现有哪些路径可以推动这一依托的生成与完善？

第一，当代中国地方治理中的协商民主。党的十八届三中全会通过的《关于全面深化改革若干重大问题的决定》中指出，"推动协商民主广泛多层次制度化发展"，"构建程序合理、环节完整的协商民主体系，拓宽国家政权机关、政协组织、党派团体、基层组织、社会组织的协商渠道。深入开展立法协商、行政协商、民主协商、参政协商、社会协商。"①

西方学者对协商民主进行过许多研究，并提出协商民主有政府形式、决策形式、治理形式等，然而，笔者认为，当代中国地方治理中的协商民主，应是基于对文化多元性的认同，立足中国实际的社会主义协商民主，应是中国共产党领导下社会主义制度内地方政府主导的多元主体之间的协商民主。

第二，体制内的探索：当下协商民主生成的基本路径。地方治理的有效推进需要集思广益，需要发挥多元主体的作用。基于本原意涵，治理就是要实现政府、市场与社会之间的有效互动。中国语境之下，这种有效互动的形成需要多元主体在体制内完成。

可喜的是，各个地方治理中协商民主鲜活而生动的改革创新经验已然存在。这些经验应得到充分尊重与及时总结。例如，民主听证、民主恳谈会、民主理财会等有效的地方协商民主形式有力地推进了地方治理。同时需要注意的是，由于信息不对称与激励机制不健全，协商民主地方经验的凝练、总结、推广尚面临许多问题。例如，地方政府官员使政策缺乏连续性。因此，仍需在机制体制方面进一步探索与凝练协商民主生成的基本路径。

三、地方政府在地方治理中责任定位

坚强有力的领导、高效廉洁的政府与严明公正的法律是地方治理得以成功不可或缺的要件。中国自 1978 年改革开放以来保持了多年的经济快速增长，堪称为"增长奇迹"。习近平总书记 2014 年首次提出中国经济进入"新常态"是对追求经济社会发展质量的强调。无论是高度增长，还是"新常态"，当代中国重要领域的改革与发展都是与地方政府密不可分的。因此，研究地方政府在地方治

---

① 《中共中央关于全面深化改革若干重大问题的决定》，《人民日报》2013 年 11 月 16 日第 1 版。

理中的责任定位,有利于进一步凝练治国理政的中国经验。

第一,感恩与敬畏:当代中国地方政府治理责任的诠释及其自然延伸。考察当代中国任何问题,都不能无视中国共产党执政这一基本语境。对当代中国地方政府治理责任的考察,也必须立足中国共产党执政这一基本语境。

笔者认为,感恩与敬畏应为当代中国地方政府治理责任意涵的自然延伸。感恩应为感谢民众对我们党执政的自觉自愿的服从。在感恩的同时还需要敬畏。历史与现实都证明,中国共产党所取得的一点一滴成绩都是与最广大人民群众的支持和拥护密不可分。如果没有对民意的敬畏,地方政府治理责任也不能成功体现。

第二,教育与回应:当代中国地方政府治理责任之践行。中华民族历史悠久,中华传统文化博大精深,每一个中国人都受到中华传统文化的深刻熏陶,当代中国的现代化是建立在正视历史、正视传统文化基础上的现代化。习近平总书记指出,"中华优秀传统文化的丰富哲学思想、人文精神、价值理念、道德规范等,蕴藏着解决当代人类面临的难题的重要启示,可以为人们认识和改造世界提供有益启迪,可以为治国理政提供有益启示,也可以为道德建设提供有益启发。"①因此,传承和弘扬中华优秀传统文化,应当成为地方治理的题中应有之义。当然,中华传统文化中也有一些不适应当今社会的观念,例如对于权力与权威的盲目崇拜,以及由此导致的"官本位"思想等,这会成为当代中国现代化进程中的阻碍因素,对于这些阻碍因素的剔除,也应当成为地方政府治理责任教育的基本内容之一。除了中华优秀传统文化之外,对于西方先进理论形态,只要有利于中国人民,也可以为我所用,"文明因多样而交流,因交流而互鉴,因互鉴而发展。对各国人民创造的优秀文明成果,都应该采取学习借鉴的态度,都应该积极吸纳其中的有益成分。"②无论是"三讲教育",还是"先进性教育",再是"'三严三实'教育""不忘初心,牢记使命"的主题教育,都是在此做出的努力。

中国共产党是为人民服务的,始终代表最广大人民的根本利益。从这个意义上说,对民意进行积极有效且带有前瞻性的回应,是当代中国地方政府治理责任践行的基本路径。具体来说,可以通过构建法治化与制度化的回应机制,推动

---

① 中共中央宣传部编:《习近平新时代中国特色社会主义思想学习纲要》,北京:学习出版社 人民出版社,2019 年版,第 146 页。

② 中共中央宣传部编:《习近平新时代中国特色社会主义思想学习纲要》,北京:学习出版社 人民出版社,2019 年版,第 148 页。

地方政府履行治理责任。其一,回应可以分为事前回应与事后回应。前者是指在常态化的地方治理中,地方政府提供公共产品与服务以满足民众需求。后者主要是指地方政府应对公共事件的效率。其二,无法有效回应必须承担道德责任、法律责任、政治责任。对治理责任的认定需要经由法治化与制度化机制完成,并能经受住舆论监督与时间考验,以此对地方政府形成有效的规约。当然,问题的核心是,规则制定者本身不能游离于规则之外,也必须遵守规则。

四、公共精神:地方治理的社会基础

带有浓厚权威主义情节的当代中国,一党执政的基本现实同时强化了地方治理中地方政府责任理念及其践行的必要。可借用亚里士多德政治学理论中的"三分法"将中国政治分为"三层",即中央政府、地方政府和民众。这三层之间互相制约,建立良性互动关系。中央联合民众制约地方政府,地方政府亦可以联合民众成为制约中央过度集权的重要力量。[①] 对地方政府提出治理期望之后,自然需要寻求分析治理的社会基础。无法回避的一个问题是公共精神的塑造。

第一,地方治理中公共精神的基本含义。公民即是公共。一般意义上,将公共精神界定为参与公共事务,关心、帮助有需要的人的精神。公共精神的塑造有助于构建富有生机的、互相支持的和赋予包容性的地方共同体。

有学者在 1988 年做"中国公民政治素质调查与研究"课题时,对于问题"假如您认为政府的某项决策损害了自己的利益,您会不会想到自己可以做些事情影响政府的这项决策? 如果会的话,会采取何种方式?",最经常选择的回答是"向本单位领导或政府有关部门反映。"[②]2011 年,第二次做同名课题时,对于同一问题,"向政府有关部门反映"仍然是高居首位的选择。[③] 足见,当代中国地方治理中的公共精神是一种基于与依赖现行体制的参与公共事务,关心、帮助有需要的人的精神。这里实现了与上文的呼应,对政府承担责任提出了要求。

第二,参与与抗争:公共精神塑造的基本可能。首先,有序参与是塑造公共精神的基本手段。在坚持党的领导的前提之下,公民平等有序地参与各个层面与各个方面的公共事务的治理,并在这一过程中感受到自己与社会共同体休戚

---

① 崔之元:《混合宪法与对中国政治的三层分析》,《战略与管理》1998 年第 3 期,第 3−5 页。
② 张明澍:《中国"政治人"》,北京:中国社会科学出版社,1994 年,第 100 页。
③ 张明澍:《中国人想要什么样民主》,北京:中国社会科学出版社,2013 年,前言第 5 页。

相关,进而塑造理性的公共精神。有序参与必须有法治的保障与规约。这里需要特别提出的是,对地方治理的考察无法脱离中央政府的视角,某种意义上可以说,当代中国政治背景下,中央政府在很多时候可以发挥决定性作用。在很多突发公共危机事件的处置中,如果没有中央政府的及时介入是不行的。但问题是,由于地区间差异的存在,对于超大社会治理来讲,信息不对称与激励失效使得中央政府作用的发挥受到一定限制。切实可行且可持续的办法是塑造公民的公共精神,让公民充分参与地方治理,形成对地方政府的有效监督与制约。这在根本上需要法治的保障。法治亦会对公民参与形成规范和约束,使其在坚持党的领导基础之上有序前行。

其次,抗争是塑造公共精神的方式之一。从类型出发,可以将抗争分为"文化取向的抗争"与"权利取向的抗争";基于形式,可以将之分为"诉讼"与"信访";立足途径,可以分为"依政策抗争"和"依法抗争"。普遍意义上看,地方治理中所遭遇的问题,归根结底,是政府、市场与社会之间关系的问题。良性的地方治理即为多元主体之间有效互动的治理。但是,由于法治化与制度化的滞后,公民可能通过抗争来实现对地方治理的推动。抗争的过程可能是漫长的,也可能会遭受到一些打击与阻挠,但在此过程中,公共精神得到了塑造,社会治理也得到了优化。

根本上,超大社会的有效地方治理需要的是成熟的制度体系。而制度体系的构建与执行归根结底还是要靠人在一定社会环境下来完成。当代中国,地方治理多元主体之间是分工共治的,不是竞争替代的,其关系本质上是经济社会的。通过经济社会领域的治理,渐次推动政治领域治理的变迁。这同样是一个值得进一步研究的话题。

第六章

治理理论有效适用与协商治理有序推进

第一节　治理理论有效适用的主体困境及其破解

治理理论自 20 世纪 90 年代引入中国以来受到学界广泛关注。虽然有学者认为,治理理论仅仅是修辞上的需要,没有实际意义,这是适应市场取向拒斥"统治"迎纳"治理"这一时髦术语的结果,治理充其量是重新包装的政府管理形式①,但这不影响治理理论在各个研究领域取得的重要影响。

一、治理理论有效适用中的共识

对治理理论当代中国有效适用的研究至少需要关注:其一,治理理论有效适用的政治学基础。衍生于西方世界的治理理论践行于西方政治学基础之下,是在政治学相关问题得以基本厘定基础之上有效适用的。如果不关注政治学基础而对治理理论进行研究,最终只能沦为语言的游戏,根本不能解决问题—因为缺失政治学基础的治理理论研究根本无法找到真问题。其二,治理理论有效适用的当代中国语境。当代中国有着与西方根本不同的发展语境。试图无视这一点而促进治理理论的有效适用是不可能成功的。

既然"以公民为中心的治理才算是一份真正的公共生活",②那么,如何确保以公民为中心的治理得以有效实施呢? 对此的深刻认识基于对治理理论有效适

---

① ［英］格里·斯托克:《作为理论的治理:五个论点》,《国际社会科学杂志》1999 年第 1 期,第 3-5 页。

② ［美］卡尔·博格斯:《政治的终结》,陈家刚译,北京:社会科学文献出版社,2001 年,第 10 页。

用政治学基础与当代中国语境的考察之上。

第一,共识:治理理论有效适用的基石。共识是人们共同的认识,是社会存续的基本底线关怀,以有利于人类群体的利益为根本依归。虽然在治理模式的选择上有演进论与设计论的争论,但是,对于共识的作用人们无法否认共识的作用。

如果人们无法形成共识,公共治理仅仅依靠权力的博弈,那么,这种博弈可能更多局限于精英内部展开。缺失基本的共识使得推进治理理论适用成为各个利益主体谋求私利的工具。

第二,治理理论有效适用中的共识。多数人公认的正确道理是公理,公理是较大范围的共识。有学者指出,政治学的公理有:人类具有共同的基本政治价值、良好的政治制度是实现人类根本利益的基本保证,民主是迄今最好的政治制度,评价民主政治有一套客观的标准①。尽管全球的研究机构和学者提出的治理概念不下 200 个②,对公共治理的理解就更加繁杂,但是从政治学公理出发,本书认为,关于治理理论有效适用的核心共识有:

其一,治理理论可以而且能够有效适用于当代中国。虽然不同的利益群体出于不同的目的对治理理论的当代中国适用有不同的解读,但是,世界潮流是无法阻挡的。多元行为主体的治理诉求必然会随着社会发展逐渐展示出来,呼唤治理理论与实践的发展。

其二,平等多元行为主体是治理理论有效适用的核心要义。公共治理相关理论称谓与流派不可谓不繁多,如公共服务民营化、网络治理、协同治理、治理再造等,虽然它们的衍生背景与自我展示各不相同,但是有一个共同的逻辑主线,即行为主体的多元化。虽然可以从治理的行为主体、结构形式、实践过程等角度对治理理论的基本内涵做分析,但是,治理理论有效适用的核心要义应在平等的多元行为主体。这里所谓的"平等"是指在公共治理过程中多元行为主体能够在法治的保障下平等协商、互动、合作。

其三,政治发展与治理理论有效适用密切勾连。一般来说,政治发展依次要完成如下任务:完成统一国家建设,形成统一的国家主权;确立完整的政治——行政体系,树立统一的政治权威;实现经济"起飞",完成经济改造和基本建设;扩

---

① 俞可平:《政治学的公理》,《江苏社会科学》2003 年第 5 期,第 56 - 62 页。

② 孙柏瑛:《当代地方治理——面向 21 世纪的挑战》,北京:中国人民大学出版社,2004 年,第 19 页。

大政治参与,普及选举,完善政党制度,完成政治民主化改造;解决公平问题,普遍改善社会福利①。治理理论在先发国家与后发国家的展示形式是不一样的,但都与政治发展的如上阶段性任务密切勾连。在先发国家,治理理论的适用构建在民族国家建设基本完成,民主建设基本完备,民生建设基本完善的基础之后,而在后发国家,民族国家建设、民主建设、民生建设全都需要推进。或者说,治理理论在后发国家的适用都同时需要发挥推进现代化的任务,成为探究这些国家现代化建设的理论线索之一。

其四,评价治理理论有效适用的标准:内涵与塑造。评价治理理论有效适用的标准在于:存在民间的和公民的自治、自主管理的秩序与力量;存在公民参与和社群自治;存在多元利益诉求,并通过冲突、对话、协商、妥协,达成平衡和整合;存在提供不同性质的公共物品和公共服务的制度选择②。一如上文所讲,由于当代中国所处的历史阶段,现代化与后现代化的双重压力使得这些评价标准的塑造需要漫长的时期。对此形成共识是保持推进治理理论有效适用的耐心与信心的必然要求。

二、治理理论适用中的精英及其生成:从对共识的追求出发

主导治理理论能否有效适用的是政府。主导政府的是精英。某种层面上,主导治理理论有效适用的是精英。精英与政府既是一种交叉关系,又拥有各自的定位。精英共谋直接危害治理理论的有效适用。对此的破解需要从精英生成着手。这是从上文关于治理理论有效适用的核心共识出发得出的基本结论。

第一,多元治理主体之主导:精英及其耦合。从概念层面而言,公共行政经历了从统治,到管理,再到治理的转变。统治是与统治阶级相配套的概念。政治是国家意志的体现,管理则是国家意志的执行③。管理是统治者的统治功能逐步淡化,而行政权力的执行功能逐渐上升的过程。虽然发展到治理时期,政治观念经历了长期的演变,但是,统治的政治性仅仅是淡化,或者准确地说,是在市场取向的社会中得以转移,并非消弭。主导治理理论能否有效适用的是政府。主导政府的精英。某种层面上,主导治理理论有效适用的是精英。精英与政府是

---

① 燕继荣主编:《发展政治学:政治发展研究的概念与理论》,北京:北京大学出版社,2006年,第50页。
② 孙柏瑛:《当代地方治理——面向21世纪的挑战》,北京:中国人民大学出版社,2004年,第116-123页。
③ [美]古德诺:《政治与行政》,王元译,北京:华夏出版社,1987年,第10页。

一种交叉关系,又拥有各自的定位。

其一,精英与政府:交叉与定位。现今任何一个社会都不能拒绝精英与政府的存在。而随之而来的问题是,精英与政府何为? 现代化导向的政治体制下,精英借由民主而获得合法性。同时,亦有可能因为民主丧失合法性甚至丧失精英身份与资格。精英能否保有身份与资格,关键在于其能否在公共治理中发挥与其身份与资格相称的功用。在公共治理中,政府应该发挥何种作用?

简单来说,"国家最重要的议事日程不是涉及那些由私人已经完成的活动,而是那些落在个人活动范围之外,如果国家不出面不会有人去做出决定的事情。对政府来说,重要的不是去干那些正在由私人做的事或者把这些事做得更好些或更坏些的问题,而是去做那些根本就没人去做的事。"①诚然,对精英与政府功用的阐释是个庞大的话题,这里只是择其关键加以剖析。然而,假使精英与政府无法做到如上之关键,那么,其合法性将受到质疑。

其二,公共治理中的精英共谋:例证及其危害。对国有企业地位与作用的认识固然可以从意识形态的高度展开。社会主义国家兴办国有企业天经地义。但是,同样理所当然的是,国有企业的发展必须以实现社会主义国家的共同富裕为指向,而不能成为某些利益群体谋求私利的工具。

第二,精英生成:公共治理基本原则的主体适用。统治阶层应该是由民主机制选择产生。民主机制包含如下要件:有效的参与;投票的平等;充分的知情;对议程的最终控制;成年人的公民资格②。在公共治理领域民主机制的具体体现在其基本原则上:参与原则、透明原则、责任原则、回应原则、协作原则与合法性原则等③。公共治理是个循环的过程,精英生成属于公共治理的基本范畴,并且事关治理理论能否有效适用的全过程。

其一,参与治理与精英生成。传统统治模式与管理模式之下,统治阶级将被统治阶级排斥于公共权力之外。治理理论有效适用的过程就是多元行为主体共同参与社会治理的过程。普通民众通过有保障的民主参与进入公共生活,此过程中,通过透明原则、责任原则、回应原则、协作原则、合法性原则等,促成精英的生成。

---

① [英]凯恩斯:《预言与劝说》,赵波、包晓闻译,南京:江苏人民出版社,1997年,第317页。
② [美]罗伯特·达尔:《论民主》,李柏光、林猛译,北京:商务印书馆,1999年,第43页。
③ 俞可平:《引论:治理与善治》,载俞可平主编:《治理与善治》,北京:社会科学文献出版社,2000年,第9-11页。

其二,透明治理与精英生成。传统社会治理模式下,公共决策的制定与执行中的绝大多数信息基本不向公众公开。民主化的潮流之下,公众知情权应该受到保障。当下,透明越发成为一种必然。透明原则在治理理论有效适用中首先体现在行为主体的遴选上,尤其是主导公共治理的精英生成上。

其三,责任治理与精英生成。如果行为主体不能承担相应的治理责任,治理理论是无法得以有效适用的。这其中的治理责任首先是政府的责任,同时包含着社会及公民个体的责任。

其四,回应治理与精英生成。回应治理是指多元行为主体能够及时、快速、准确地解决社会问题,提供相应的公共产品与公共服务。是否可以做到及时、快速、准确地发现和处理社会问题,而不是拖延、滞后、偏差乃至错误地应对社会问题,考验着公共治理中的多元行为主体,同时亦是遴选精英的基本手段。

其五,协作治理与精英生成。公共治理中多元行为主体通过建立良性的组织网络与制度框架来协作处理公共事务。能否以协作的方式对待公共治理中的其他行为主体,是考验政府及其组成是否由精英构成的重要尺度与标准。

其六,合法性治理与精英生成。政治学上,合法性是自觉自愿的服从。只有满足参与治理、透明治理、责任治理、回应治理等要求的公共治理才是满足合法性的治理,而主导这一过程的治理主体才是精英。

三、现代化导向的阶层变迁与精英功用:治理理论有效适用中的应然与实然之辨

当代中国,治理理论有效适用的过程同时是走向现代化的过程。现代化导向的阶层变迁与精英功用之间的良性互动是治理理论有效适用的动态展示。

第一,社会结构更替与阶层变迁:阶层固化与精英共谋。两极分化是阶层变迁异化的典型表现。改变阶层固化的重要手段是壮大中产阶层,从而扩大中产阶层的比重。从政治学的角度来看,中产阶层的壮大可以减少群体性事件的发生,有利于社会的成功转型。

从价值中立的角度来看,新社会结构的萌芽、形成与壮大需要有一种新的机制确保如下三个环节的进行:其一,旧结构解体时形成的各种新的子系统中一定要有可以成为新结构的组织要素的子系统,即"潜组织要素的成长"。这种潜组织要素必须包含经济、政治和意识形态各个方面;其二,经济、政治、意识形态结

构中新的子系统互相耦合,形成一种潜在的新社会结构;其三,潜结构不断壮大,最终逐渐成为主导①。后发国家,政治权力对市场化转型的全面控制使得经济精英、知识精英无法摆脱与政治精英耦合的诱惑,因为只有与政治精英结盟,形成政治精英、经济精英、知识精英之间的共谋关系,才能确保各个精英群体的利益诉求。"组成社会的各个子系统在其本身漫长的运行中,在彼此间相互协调的稳态中,都会不断地释放出某种对结构本身有害的东西,导致功能耦合的松弛,最后破坏社会结构的适应性。"②精英耦合与共谋会极大地破坏了社会结构的适应性,危害社会转型。

第二,现代化导向的阶层变迁与精英功用之间的良性互动:治理理论有效适用的动态展示。从应然层面来说,精英在治理理论有效适用中应该发挥积极的主导与推动作用。但是,当代中国的精英并未有效发挥有利于现代化导向阶层变迁的功用。正是由于精英功用的缺失直接导致了精英与非精英的对立,导致多元治理难以实现,治理理论无法得以有效适用。

其一,精英推促现代化导向阶层变迁之策略。传统西欧封建社会,体制内的权力中心是多元的,作为体制外权力中心的城市亦是多元的。体制本身是刚性的存在,在缺乏民主机制的情况下,多元权力中心在根本利益冲突之下的治理方式只能是战争。这从一个层面解释为什么传统中国"超稳定"的原因。在经历社会转型之后,现代民主体制的先发国家,开放式的精英群体以流动的形式接纳各个社会阶层民众的进入,使得公共治理的多元主体以各种身份(各领域的精英)获得整个社会的普遍认同。因此,要推促现代化导向的阶层变迁,精英首先需要形成治理理论有效适用的核心共识,要对治理理论有基本认同,理解平等多元行为主体对于治理理论有效适用的意义,要确保保证精英群体的开放性、流动性、民主性。

其二,阶层变迁推促精英功用发挥之策略。治理理论有效适用动态展示的另一层意蕴是阶层变迁对精英功用发挥的推促。首先,在民主化与公共治理无法阻挡的现时代,各个阶层的所属成员都需要认识到自身成为精英的可能性,需要把握阶层变迁的机会,按照精英的标准要求自身,积极参与公共治理。这是阶

---

① 金观涛、唐若昕:《西方社会结构的演变——从古罗马到英国资产阶级革命》,成都:四川人民出版社,1985年,第141页。

② 金观涛、唐若昕:《西方社会结构的演变——从古罗马到英国资产阶级革命》,成都:四川人民出版社,1985年,第102页。

层内部的策略；其次，必须从外部对现有精英施加压力，推促其功用的有效发挥。这需要各种社会阶层充分利用网络资源，充分利用现有体制内的资源，充分利用各种机会。

共识缺失、精英共谋与阶层固化是治理理论有效适用困境形成的原因之一。共识、精英与阶层变迁仅仅是治理理论有效适用的困境及其破解研究的视角之一。但是，假如大多数人的权利无法得到保障，少数人的权力无法得到监督，尤其是随着其所处的精英阶位越高，权力愈发得不到有效监督，那么治理理论有效适用的核心要件——多元治理则从根本上难以真正实现。

第二节　全面从严治党视域下协商治理研究的微观视角

当代中国协商治理研究存在意识形态泛化与"创见强迫症"。外力作用所致的触动与内在逻辑推动的机理共同塑造了协商治理研究的当代中国意涵。而外力作用与内在逻辑运行的基本承载是党领导下的多元主体。研究需要依托于一定的"社会存在"。全面从严治党视域下考察与推动协商治理的微观视角是"中国人行动的逻辑"，其践行需要主导协商治理主体作用的有效发挥。

一、当代中国协商治理研究：意识形态泛化与"创见强迫症"

当代中国协商治理研究的"意识形态泛化"倾向表现为，或者基于西方话语体系谈论中国协商治理，不能对中国协商治理研究的触动与机理有基本认知，或者未能平衡学术性与意识形态性，以意识形态性吞噬学术性。

第一，协商治理研究中的意识形态泛化。此处的"意识形态泛化"有两种表现。其一是依附于西方世界谈论协商治理（协商民主）。笔者完全认同如下说法："协商民主相信，偏好应当由有思想、有能力的公民（或他们的代表们）深思熟虑地生成，这种深思熟虑性就是协商民主的关键所在。"[①]但是，我们应该厘清中西方不同语境下对"有思想、有能力的公民"的理解，特别是对他们"深思熟虑"差异的阐释。应该看到，我们探讨的中国协商治理思想与实践，是中国共产党领导下所形成的基于中国特色的政治协商与社会协商的国家治理思想及其实践。对

---

① 　John S.Dryzek、王大林：《不同领域的协商民主》，《浙江大学学报（人文社会科学版）》2005 年第 3 期，第 32－40 页。

协商治理的研究必定涉及协商民主。21世纪前期,中国共产党提出了"协商民主"的新理念,学术界相应做了"中国特色协商民主"的新概括。2012年的十八大上,中国共产党将之前的探索统括为"社会主义协商民主",随后在2013年十八届三中全会,中国共产党明确地提出要"推进国家治理体系和治理能力现代化",以协商民主推进国家治理。学术界则相应阐发了"协商治理的中国逻辑","国家治理"与"协商民主"的"互动与融合"。等。但是,现有研究主要是基于发端于西方语境的"协商""平等""民主""治理"等概念泛泛谈论中国协商治理,恐怕只能隔靴搔痒,不得要领,毕竟中国人对协商治理及其理想样态的理解迥异于西方。

其二,协商治理研究中未能平衡学术性与意识形态性,以意识形态性吞噬学术性。当代中国,社会主义为协商治理提供了基本的生存场域。协商治理固然根植于当代中国社会主义语境之中并对该语境做出有意义的反馈。但是,学术层面的协商治理研究毕竟不是意识形态宣传,不能越俎代庖,替代意识形态宣传。

第二,"创见强迫症"在协商治理研究中有体现。依照学术研究的基本规律,大多数学人没有自己独立的创见,或者说,大多数学人无法凝练自己的理论体系,只能衍用理论家的学说来"碎片化"地指导自己看待问题与现象。这本无可厚非。但此处的问题在于,大多数学人又心有不甘,非要试图"创立"属于自己的理论体系,而"排他性"立论是较为便捷的路径。换句话说,在某一问题与现象上,通过建构一种与他人不同的理论体系来获取存在感。比如,动辄就提出"构建(新的)规范理论""学界有必要对构成国际秩序的知识进行重建""号召大家发展中国自己的理论"①。近年来国内学界对于构建中国本土话语体系表现出极大的热情。但是,到底如何构建政治学的话语体系呢? 现有的研究集中在梳理构建政治学话语体系的"意义",强调必须从实际出发,挖掘传统资源,批判地借鉴国外政治学话语的有益成分;指出本土化、中国化是构建政治学话语体系的必然路径,要加快推进政治学话语体系构建。大多数论文阐明了努力的"方向",但是对于如何从实际出发,如何挖掘传统资源,如何批判地借鉴国外政治学话语的有益成分,如何本土化、中国化,如何加快推进政治学话语体系构建,却大多语焉

---

① 唐世平:《与"口号型"文章决裂!》,《中国社会科学报》2010年12月23日第4版。

不详。

二、现象与问题：协商治理研究的当代中国基础

一定程度上，触动中国现代转型的因素是外在的。但转型的机理依然是内生的。外在触动与内生机理塑造了协商治理研究的当代中国意涵。党领导下的多元主体是外力作用与内在逻辑运行的基本承载。对外在触动、内生机理与基本承载相关现象与问题的研究是当代中国协商治理研究的基础。

第一，外在触动与内生机理：协商治理研究的当代中国意涵。"中国迈向现代国家，不是自我成长使然，而是外力作用所致；另一方面，中国迈向现代国家，不是在传统大型帝国分崩离析后的国家碎片上进行的，而是在神散而形不散的大型国家躯体上进行的。这两点就足以使中国建构现代国家的逻辑起点和历史任务完全区别于西方国家。"①很大程度上，中国建构现代国家的逻辑起点在于外力作用。就协商治理而言，当代中国对其研究及实践有外在的触动力。我们不能无视西方治理理论与实践对我国的启发意义与价值。毕竟在学术研究上，我国的"协商民主"晚于西方。虽然协商民主形式蕴含于民主革命时期，到 20 世纪中期通过政治协商会议在制度层面框定下来，但依然迟于西方。从研究层面来看，西方可资借鉴之处尤其在于启发我们充分关注协商治理的核心要义与底线标准。从实践层面来说，我们要善于对照性找寻自身的短板与不足，而不能一味拒斥合理化借用。但是，我们更加需要关注的是中国协商治理的内在机理。

对中国意义上"现代国家"建构历史任务的认知与推动需要认识到其自身"神散而形不散的大型国家躯体"。"神散而形不散的大型国家躯体"的"神"与"形"的博弈与平衡在普通中国人日常生活之中有随处的彰显与体现，演变为"情理""人情""关系"等一系列构造"中国人行动的逻辑"的基本枢纽。透过对"情理"的分析，这里可以看出作为协商治理研究当代中国基础的普通意义，即协商治理在普通中国人日常生活的基本体现。"所谓'情理'，简单说来就是'常识性的正义衡平感觉'……什么被感觉为正义的，什么被感觉为衡平的呢？当然其内容在中国和西洋必然是不同的东西……概言之，比起西洋人来，中国人的观念要顾及人的全部和整体。也即是说，中国人具有不把正义的标的孤立起来看而将

---

① 林尚立：《政党与国家建设：理解中国政治的维度》，载陈明明主编：《中国模式建构与政治发展》，上海：上海人民出版社，2012 年，第 1 页。

对立的双方——有时进而涉及周围的人们——的社会关系加以全面和总体考察的倾向;而且中国人还喜欢相对的思维方式,倾向于从对立双方的人和一侧都多少分配和承受一点损失或痛苦中找出均衡点,等。"①显然,协商治理的主体是多元的,具体有国家机构、市场力量、社会力量等。贯穿中国协商治理的是中国人"常识性的正义衡平感觉"。对多元主体发生联系机理的研究不能无视"中国人行动的逻辑"。

第二,党领导下的多元主体:外力作用与内在逻辑运行的基本承载。政党——国家的政治特征有三重面相:其一,政党是国家与社会政治运行及变迁的发动机;其二,政党是社会整合的基本渠道;其三,政党通过垄断暴力资源和大部分的人力、组织资源实现对国家的全面控制。

中国改革开放的过程是个积极现代化、融入全球市场体系的过程。政党—国家充当了市场化改革与推动经济体系全球化的主导力量。社会主义价值理念驱动政党—国家需要在教育、医疗、社会保障等方面做出规划,并取得进步。但是,诸如试图刺激地方政府与国有企业积极性的行政分权政策使得地方政府与国有企业享有自由裁量权的同时,需要承当更大的社会责任。财政负担与公共服务压力促使国家需要引入与发挥其他治理主体的作用,诚然这并未改变政党—国家的政治面相。无论是作为外力作用的外在触动,还是作为内在逻辑的内生机理,两者都需要通过政党—国家的政治面相展示自身。我们知道西方治理理论的核心要义是多元主体,这在当代中国同时要加入政党—国家的主导作用。

三、基于全面从严治党的协商治理:研究及其"社会存在"

实践是学术研究的"社会存在",学术研究依附于实践之上。脱离协商治理实践谈协商治理研究最终只能成为空谈。紧扣实践的协商治理研究是明晰阐释其中"中国人行动的逻辑"的不二之选。

第一,不能无视的"中国人行动的逻辑":考察与推动全面从严治党视域下协商治理的微观视角。其中贯穿"协商治理"始终的逻辑是:首先,"常识性的正义衡平感觉"获得需要重点关注,其一,从人们的社会关系,哪怕是对立的双方加以

---

① 滋贺秀三:《中国法文化的考察——以诉讼的形态为素材》,载滋贺秀三等:《明清时期的民事审判与民间契约》,北京:法律出版社,1998 年,第 13 - 14 页。

全面和总体考察;其二,倾向于从对立双方的人和一侧都多少分配和承受一点损失或痛苦中找出均衡点。其次,"1.中国人在情境互动中总有寻求并确立中心人物的意向。2.中心的确定意味着权威性和正确性的确定,并可以建构出一种互动中的给面子式的关系。3.中国人的这种心理倾向可以用来确保结构上的或形式上的主导性和谐。"①中国协商治理运行中,作为普通民众周围的政治"中心人物","全国优秀党支部书记""全国优秀县委书记"②要担负起"权威性和正确性"的代表,引导"常识性的正义衡平感觉"的形成,以"确保结构上的或形式上的主导性和谐"。这说明协商治理中主导性主体的重要性。

第二,主导协商治理主体作用及其有效发挥。基于本书主旨,笔者以为,当代中国协商治理研究至少应该达致基于"治理主体"形成的民间话语、学术话语与官方话语之间的和谐关联。作为治理主体之一,民间力量、学术界、官方各自如何看待协商治理,形成了什么样的话语体系。比如,"全面从严治党"官方话语蕴含了政党治理的新表达,如"全面""从严"等。这些重要的表达,只有得到学术话语的有力解释才能转换为民间话语,才能促成政治话语的传播。对于"全面从严治党"中的"全面"与"从严"的解析可以有三个角度:首先从历史的角度来看,"全面从严治党"代表着中国政党治理进入纵深阶段,即进入政党治理的可持续阶段;其次从政党治理所需要应对的问题角度来看,"全面从严治党"说明一段时期以来的政党治理存在着失衡态势,存在覆盖面不广、力度不够等问题;再次从政党治理需要采取的措施角度来看,"全面从严治党"的布局带有明显的系统性与全局性。

话语是制度与行动的外显,制度与行动才是话语的基础。全面从严治党视域下协商治理的有效推动必然依靠主导协商治理主体作用的有效发挥。中国共产党是责任与使命型政党,实现中华民族伟大复兴的中国梦是共产党人的历史使命和重大责任。协商治理实践助推中国梦的实现。有效推动协商治理必须全面从严治党。首先需要知势。要认清协商治理发展的基本趋势,在推动协商治理中掌控主动性。其次需要明理。要明确推动中国协商治理的基本理路,要明确其运行中的"现象与问题"。再次需要强责。要强化推动中国协商治理的基本

---

① 翟学伟:《人情、面子与权力的再生产》第二版,北京:北京大学出版社,2013 年,第 174 页。

② 《全国 32 位优秀村党支部书记事迹展示》,http://cpc.people.com.cn/GB/64093/95111/95113/9555370.html,《中共中央组织部关于表彰全国优秀县委书记的决定》,http://news.xinhuanet.com/politics/2015 - 06/30/c_1115773927.htm,2017 年 5 月 23 日。

责任,积极引导多元治理主体的成长与成熟。

中国知识界存有一定的"殖民地的心理"①。意识形态泛化、"创见强迫症"与文化自信是相抵牾的。泛化意识形态给人以除了意识形态之外中国协商治理研究乏善可陈的感觉。急于提出一种创见,动辄构建新的理论或知识体系,而不是踏踏实实将本土的"现象与问题"阐释清晰亦是学术底气不足的表现。理论与实践的有效互动是二者健康发展的理想状态。准确厘清本土"现象与问题"的协商治理理论可以描绘协商治理实践的基本架构,启发阐释现象、解决问题以促进实践前行。协商治理实践则为理论提供丰富的素材。

围绕协商治理实践形成协商治理理论,协商治理理论指导下开展协商治理实践。协商治理研究是综合了协商治理理论与实践两方面内容的。透彻厘析中国协商治理需要关照触动(外力作用)与机理(内在逻辑)两个基本面。此基本面的基本承载是党领导下的多元主体,昭示出"全面从严治党"与"协商治理"的必然关联。全面从严治党视域下,"中国人行动的逻辑"是考察与推动协商治理的微观视角。其中对"平衡"的理解与追求构造起协商治理运行的大概指向。

第三节　有序推进协商治理理论与实践互动

学术视角下的协商治理研究试图为政治层面的协商治理提供资源,形成学术与政治的互动,以构造协商治理理论,助力协商治理实践。协商治理研究包含有理论研究与实践研究,二者分别依赖、推动理论与实践的前行。基于对理论与实践的准确认知,厘清其中存在的核心议题,以有针对性地解决"真问题",是协商治理研究的价值所在。

一、中国协商治理研究:目标与问题

笔者以为,协商治理研究的基本目标至少应包括两个方面:一是,梳理协商治理理论与实践研究现状,找出研究中存在的问题,进一步发掘理论与实践中存在的"真问题"。二是,启迪、推动协商治理理论的形成与实践的发展。但是,现有协商治理研究普遍存在的问题有:其一,对西方世界包括西方治理进行不加思

---

① 康丹:《文化相对主义与普遍主义》,《二十一世纪》(香港)1991年第8期,第83页。

索的批判。这种情况不仅仅存在于协商治理研究之中,在"反思中国学界对伊战、阿战的预测"时,"当年中国国际关系学界的主流判断和预测,不论是战略性判断还是战术性预测,绝大部分同今天的事实相去甚远,几乎是集体性走偏。"①此种心态之下,学术研究往往刻意强调中国协商治理的"中国性"。而对于"中国性"到底表现在哪里,却未见明晰的学理解释,这根本不利于对中国协商治理理论与实践的科学认识。

其二,不接地气地将协商治理研究变成语言的游戏。学术研究,尤其是处于社会急剧转型期的当代中国的学术研究应该是可以解释、反思、阐发、推动、批判现实的。所谓"接地气"的理解,笔者认为,至少应该包含两个基本特征,一是尊重学科的基本边界。二是社会现实形成了对"接地气"研究的反哺、批判与修正。但是,在协商治理研究中,就第一点而言,大多数知识人仅能对自己的学科领域有更多的发言权,或者说,立足自己学科的发言更有意义和价值。近年来学术界将协商民主与协商治理研究广泛运用于"乡村治理""城市社区治理""职业教育""参政党建设"等领域。但许多论证千篇一律,对各自领域中的核心议题却未能涉猎或深入探讨。泛泛而谈"协商治理""协商民主"等概念。就第二点而言,知识人需要不停地调整,甚至改变自己的观点,这本无可厚非,关键是这种"调整与改变"需要建立在知识本位之上,基于现实而做出。协商治理中普遍存在的情况是,应然的理论无法解释实然的实践。对此,协商治理研究却没有及时"调整与改变",理论研究一定程度发挥了意识形态功用,实际研究却不能实现理论抽象。这进一步说明协商治理理论与实践有效互动的缺失。

二、中国协商治理理论与实践有效互动的缺失

协商治理是指基于协商民主的治理理论与实践。学界有对源于西方的"协商(deliberaion)民主"与中国"政治协商(consultation)制度"的甄别。但这种理想化的甄别,在笔者看来,恰恰是对理论与实践有效互动未能充分认知的表现,特别是在党的十八大报告首次提出"社会主义协商民主是我国人民民主的重要形式"之后。我们与其探讨词语纯粹词源学层面的差异,不如提炼理论、推动实践,实现本土化的协商治理理论与实践的有效互动。对于协商治理理论与实践

---

① 牛新春:《集体性失明:反思中国学界对伊战、阿战的预测》,《现代国际关系》2014 年第 4 期,第 1 - 9 + 63 页。

的有效互动,笔者试图基于前文的分析从两个维度来考察。其一,比较学科的维度。相对于经济学研究而言,政治学研究是相对滞后的,包括协商治理研究。以经济学为例,多年之前,有学者将"京城经济学人"划分为:"决策圈经济学人""'议会'经济学人""方案经济学人""讲坛经济学人""课题经济学人""绿卡经济学人""公司经济学人""民间经济学人""'诸侯经济学'人""报章经济学人"等类别,分别满足了经济实践多样、多元需求①。相较之下,当代中国政治学研究缺少必要的区别,其中鲜有对协商治理实践前瞻性的总结与研究,大多数研究成果集中于对中国协商治理基本内涵、功能定位、价值核心等的阐释上。比如,有基本学术常识的当代中国学人都清楚村民自治存在的不良趋向与风险。我们也都清楚需要"搭建日常协商治理的平台和载体""加强农村协商治理的程序化、制度化建设""提升民众的协商治理意识和能力"②等,我们亦可以从意识形态角度将"农村治理方式变革的基本方向"定义为"中国特色农村民主协商治理机制",而此处的中国特色被阐发为"政治正确性、形式多样性、相对平等性、民主效率平衡性、改良嵌入性"③,但到底"政治正确性、形式多样性、相对平等性、民主效率平衡性、改良嵌入性"如何显现呢?上文提及的"搭建""加强""提升"又如何实现呢?关于这些关键问题的学术成果是较少的,说明协商治理理论与实践之间缺乏足够有效的互动。

其二,中西方治理比较的维度。在西方世界,公共行政理论与实践基本实现了有效互动。自从产生以来,西方行政理论主要经历的大的发展阶段有:最早的"传统的公共行政"阶段,接下来的阶段是"新公共行政理论"阶段,随后的阶段是"新公共管理"阶段,以及晚近出现的"新公共服务"与"治理理论"。每一阶段的理论都是对相应社会问题的回应,理论推动实践,实践反哺理论。西方行政改革具有深刻的社会根源。与公共行政理论几乎相伴的西方行政改革大致始于罗斯福时期。西方公共行政改革的第一个阶段是从 20 世纪 30 年代到 70 年代。当代公共行政改革则主要指从 20 世纪 70 年代末或者说 80 年代初一直持续到现在的西方公共行政改革,最初主要是在英国、美国、新西兰、澳大利亚等英语系国家,随后扩展到一些新兴的工业化国家、转型国家和发展中国家。当代中国协商

① 詹小洪:《京城十类经济学人》,《经济学家茶座》第 1 辑,济南:山东人民出版社,2000 年,第 31 - 36 页。

② 王可园:《协商治理:村民自治有效实现的路径选择》,《行政论坛》2017 年第 2 期,第 32 - 39 页。

③ 季丽新:《中国特色农村民主协商治理机制:农村治理方式变革的基本方向》,《行政论坛》2017 年第 2 期,第 27 - 31 页。

治理更多是意识形态牵引的。学界对中国协商治理实践的相关理论的"中国特色"的捕捉与总结并不到位。

三、协商治理中的底层关怀

"人民群众是社会主义协商民主的重点。"①协商治理研究可能会有意无意地"忽略"对底层的关注,"忽略"底层稳定所带来的正向价值,但却不能无视其可能的负面效应。

第一,加强对底层参与协商治理的研究。迫切需要研究的是底层的基本组成与结构变迁。基本组成与结构变迁关系到底层参与协商治理的主体及其走向。简单来说,就全社会而言,"底层"是以农民、农民工、城市失业低收入群体为主的社会阶层。中国社会处于急剧社会转型时期,利益调整频仍。这种情势之下,对"底层"的组成与结构的理解需要结合语境展开,不仅有城乡差别,职业差别,还有区域差别。"差别"催生了研究的必要与可能。对此,研究者都应该没有异议。任何一个社会都会有"底层",但良性状态下,其一,"底层"最基本的权利应该得到保障;其二,社会阶层之间应该是流动的,"底层"应该有向上流动的可能。

需要关注的有价值的底层议题比比皆是。但成果以文学、文化的角度居多,同时以"环境抗争""城市治理"等为对象的社会学底层研究也远远走在政治学前面。我们知道,政治学是研究政治的科学。政治是基于一定经济基础,围绕特定利益,借助于公共权力规定和实现特定权利的一种社会关系。政治学学科领域的底层研究取得进步的关键是如何塑造正向的研究视角与旨趣。比如,当"读书无用论"开始在有些地方蔓延的时候,的确存在着将之归结为底层功利的教育理念、鼠目寸光的价值标准,但是问题的关键似乎应该在于政府在促进教育公平中责任的缺失与不足。

第二,拓宽底层参与协商治理的渠道。如果若干年之前在工业是否应该反哺农业上存有争议,现在"中国已到工业反哺农业发展阶段"。现代化带来的一个重要的政治后果就是城乡差距。统筹城乡关系,"破解城乡二元结构、推进城乡要素平等交换和公共资源均衡配置",基本抓手只能是"让广大农民平等参与

---

① 习近平:《在庆祝中国人民政治协商会议成立 65 周年大会上的讲话》,北京:人民出版社,2014 年,第 20 页。

改革发展进程、共同享受改革发展成果"①。

对协商治理的有效参与是确保底层的合法权益不受侵犯的基本渠道。协商治理由政府绝对主导的背景下,特别是在社会、市场并不发达的落后地区,底层合法权益能否得到保障、何时以何种方式得以保障都会被政府规定。"有城市'懒政'不让农民拉西瓜的小板车进城"②。要保障底层的基本权利,同时还要防备"中产过渡层与中产边缘层"普遍滑向"底层"的危险。这只有拓宽底层参与协商治理的渠道才能得以实现。当然,对"渠道"的凝练与传播、挖掘与保障都需要立足于"中国特色"。

四、协商治理中的"中国特色"

全球化、意识形态与社会转型等都对中国协商治理理论与实践提出了迫切的要求与需求。吊诡的是,很长一段时间内,西方政治哲学与思想史是中国政治学研究的显学,特别是哈贝马斯、阿伦特、罗尔斯等的研究成为"高大上"的代表。笔者支持对西方政治哲学与思想史的追踪与关注。但这决不能成为我们对诸如协商治理"中国特色"关键性议题研究忽视的理由和借口。要认识到"我们要坚持道路自信、理论自信、制度自信,最根本的还有一个文化自信"。③"文化自信,是更基础、更广泛、更深厚的自信。"④

第一,加强对协商治理"中国特色"的凝练与传播。"在现代化进程中,一个社会所经历的全面政治解体的程度基本上取决于它的传统政治制度的本质。""如果一个社会在其传统阶段具有相当高度发展和自治的官僚结构,那么它自身这种结构的性质就决定了它在适应更广泛的参政情况时将面临着许多棘手的问题。"⑤中国传统"相当高度发展和自治的官僚结构"铺垫了凝练协商治理"中国

---

① 《习近平主持政治局集体学习:中国已到工业反哺农业发展阶段》,http://money.163.com/15/0502/10/AOJQPOHB00253B0H.html——from=relevant——xwwzy_35_bottomnewskwd,2017 年 6 月 3日。

② 《李克强:有城市"懒政"不让农民拉西瓜的小板车进城》,http://www.qlmoney.com/content/20160410-173240.html,2017 年 6 月 2 日。

③ 《习近平总书记参加贵州代表团审议侧记》,http://cpc.people.com.cn/n/2014/0310/c64094-24590392.html,2017 年 6 月 2 日。

④ 《习近平:在庆祝中国共产党成立 95 周年大会上的讲话》,http://cpc.people.com.cn/n1/2016/0702/c64093-28517655.html,2017 年 6 月 2 日。

⑤ [美]亨廷顿:《变化社会中的政治秩序》,王冠华、刘为等译,上海:上海人民出版社,2008 年,第 66 页。

特色"的"棘手"。

如此"棘手"语境下的协商治理的"中国特色"是什么呢？对这个问题的认知可以从更为广阔的视域展开。1840 年以来,中国人一直在中西方文化之间有优劣层面的判断。对此,笔者以为,我们需要跳出价值上的无谓争论,基于程序原则推演出对协商治理"中国特色"的理性理解。首先需要明确"中国人的基本预设在哪里"①。关于"中国人的基本预设"关涉到中国人构建自己的生存空间、行动逻辑。其次要基于"中国人的基本预设"阐释中国传统与当代的治理理论与实践。比如,构成中国传统政治文化基本内容的"治国理政"以及"中国梦""小康社会""社会主义核心价值观"等命题都包含有协商治理相关内容。

第二,挖掘与保障"中国特色"协商治理实践形式。许多学者以西方的标准来衡量中国,认为中国是没有协商治理传统的国家。笔者不否认"协商治理"的普遍适用性。而且发源于西方的现代协商治理理念的确在后发国家取得了一定的成绩。但是,相对而言,更需要我们面对的问题是,我们应当在什么基础上才能成功适用"协商治理",本土化的协商治理为了谁,对谁有利。

"即使中国能找到使人民协商制度产生实际的政治效果的某些方式,即使人民协商制度在国家层面上能被采用,它首先需要在地方社团层面上试验,这对于在一个政治的实质结构转型中保持一种完美理想来说是绝对重要的;只有这样,民主协商的理念才能成为现实。"②"中国特色"协商治理实践形式主要有基于制度化的政治协商与民主恳谈会、居民论坛等民主形式的协商治理。笔者以为,只要是契合"中国人的基本预设"、坚持党的领导、以为人民服务为宗旨的协商治理实践形式都应该受到保障。

当代中国协商治理的突出问题是,协商治理主导者权威的丧失会使得整个社会陷入"治理失败"的境地。当下,权威丧失的基本可能就是对底层利益诉求缺乏应有的关怀。党的十八大以来,以习近平同志为核心的党中央坚持以人民为中心,把脱贫攻坚提升到治国理政新高度,"精准扶贫,精准脱贫"体现出强烈的底层关怀。以高度的文化自信,落实习近平总书记在哲学社会科学工作座谈会上的重要讲话精神,构建中国特色、中国风格、中国气派的哲学社会科学,蕴涵

---

① 翟学伟:《人如何被预设:从关系取向对话西方——重新理解中国人的问题》,《探索与争鸣》2017 年第 5 期,第 37 - 40 页。

② 陈剩勇、何包钢主编:《协商民主的发展》,北京:中国社会科学出版社,2006 年,第 173 页。

对协商治理中"中国特色"的凝练与传播。

与笔者一直以来的协商治理研究理路一致,本书没有、也不可能不打算勾勒出一条细致入微的中国协商治理实践之路。先验的协商治理之路事实上也不存在。本书只是试图通过梳理中国协商治理理论状况,从而启发协商治理实践。在此过程中,本书努力探讨协商治理中的某些核心议题及其中国式应对。对于中国协商治理的成长与成熟,笔者以为最需要的,是时间。我们需要看到中国的进步,同时更应该看到不足之处与更加进步的可能。如果对人类社会"大历史"[①]有足够的认知,如果对人的一生之"漫长"与人自身的"渺小"有足够的理解,那么我们就应该对他人、对社会的发展有足够的耐心。固然,我们需要持守"底线",但我们同时更应拥抱未来。

---

① 黄仁宇:《中国大历史》,北京:生活·读书·新知三联书店,2007 年。

参考文献

《习近平谈治国理政》，北京：外文出版社，2014 年。

《习近平谈治国理政》(第二卷)，北京：外文出版社，2017 年。

《习近平谈治国理政》(第三卷)，北京：外文出版社，2020 年。

《中共中央关于全面深化改革若干重大问题的决定》，北京：人民出版社，
　　2013 年。

《中共中央关于全面推进依法治国若干重大问题的决定》，北京：人民出版社，
　　2014 年。

《中共中央关于坚持和完善中国特色社会主义制度、推进国家治理体系和治理能
　　力现代化若干重大问题的决定》，北京：人民出版社，2019 年。

《马克思恩格斯选集》第 1—4 卷，北京：人民出版社，2012 年。

《邓小平文选》第 2 卷，北京：人民出版社，1994 年。

《邓小平文选》第 3 卷，北京：人民出版社，1993 年。

《江泽民文选》第 1—3 卷，北京：人民出版社，2006 年。

《胡锦涛文选》第 1—3 卷，北京：人民出版社，2016 年。

王沪宁主编：《政治的逻辑——马克思主义政治学原理》，上海：上海人民出版社，
　　2016 年。

[美]古德诺：《政治与行政》，王元译，北京：华夏出版社，1987 年。

[美]费正清、赖肖尔：《中国：传统与变革》，陈仲丹、潘兴明、庞朝阳译，南京：江苏
　　人民出版社，1992 年。

[美]安东尼·奥罗姆：《政治社会学》，张华清、孙嘉明等译，上海：上海人民出版

社,1989 年。

[美]皮埃尔·卡蓝默等:《破碎的民主——试论协同治理的革命》,高凌瀚译,北京:生活·读书·新知三联书店,2005 年。

[美]珍妮特·V·登哈特、罗伯特·B·登哈特:《新公共服务:服务,而不是掌舵》,丁煌译,北京:中国人民大学出版社,2004 年。

[美]詹姆斯·N·罗西瑙主编:《没有政府的治理》,张胜军、刘小林等译,南昌:江西人民出版社,2001 年。

[英]安德鲁·海伍德:《政治学核心概念》,吴勇译,天津:天津人民出版社,2008 年。

王浦劬:《中国协商治理的基本特点》,《求是》2013 年,第 10 期。

王浦劬、臧雷振编译:《治理理论与实践:经典议题研究新解》,北京:中央编译出版社,2017 年。

王浦劬:《中国的协商治理与人权实现》,《北京大学学报(哲学社会科学版)》2012 年第 6 期。

王浦劬、汤彬:《当代中国治理的党政结构与功能机制分析》,《中国社会科学》2019 年第 9 期。

俞可平主编:《治理与善治》,北京:社会科学文献出版社,2000 年。

俞可平:《增量民主与善治》,北京:社会科学文献出版社,2005 年。

俞可平主编:《推进国家治理与社会治理现代化》,北京:当代中国出版社,2014 年。

许耀桐:《新中国的国家治理和 70 年的发展》,《中国浦东干部学院学报》2019 年第 4 期。

王义桅、张鹏飞:《论"中国之治"的内涵、特点及进路》,《新疆师范大学学报(哲学社会科学版)》2019 年第 6 期。

王一程主编:《马克思主义与当代中国政治研究》,北京:社会科学文献出版社,2008 年。

徐勇:《GOVERNANCE:治理的阐释》,《政治学研究》1997 年第 1 期。

徐勇:《治理转型与竞争——合作主义》,《开放时代》2001 年第 7 期。

林尚立:《有效政治与大国成长——对中国三十年政治发展的反思》,《公共行政评论》2008 年第 1 期。

林尚立:《协商民主:中国的创造与实践》,重庆:重庆出版社,2014年。

杨光斌:《中国政治学的研究议程与研究方法问题》,《教学与研究》2008年第7期。

杨光斌:《以中国为方法的政治学》,《中国社会科学》2019年第10期。

杨光斌:《历史政治学视野下的当代中国政治发展》,《政治学研究》2019年第5期。

徐湘林:《转型危机与国家治理:中国的经验》,《经济社会体制比较》2010年第5期。

徐湘林:《政治体制改革与国家治理现代化》,《中央社会主义学院学报》2017年第4期。

徐湘林:《社会转型与国家治理——中国政治体制改革取向及其政策选择》,《政治学研究》2015年第1期。

郑言、李猛:《推进国家治理体系与国家治理能力现代化》,《吉林大学社会科学学报》2014年第2期。

张小劲、于晓虹编著:《推进国家治理体系和国家治理能力现代化六讲》,北京:人民出版社,2014年。

燕继荣主编:《发展政治学:政治发展研究的概念与理论》,北京:北京大学出版社,2006年。

燕继荣:《治民·治政·治党:中国政治发展战略解析》,《北京行政学院学报》2006年第1期。

燕继荣:《国家治理体系现代化的变革逻辑与中国经验》,《国家治理》2019年第31期。

何增科:《治理、善治与中国政治发展》,《中共福建省委党校学报》2002年第3期。

何增科:《治理评价体系的国内文献述评》,《经济社会体制比较》2008年第3期。

陈明明:《发展逻辑与政治学的再阐释当代中国政府原理》,《政治学研究》2018年第2期。

陈明明:《作为一种政治形态的政党——国家及其对中国国家建设的意义》,《江苏社会科学》2015年第2期。

郁建兴:《治理与国家建构的张力》,《马克思主义与现实》2008年第1期。

郁建兴、刘大志：《治理理论的现代性与后现代性》，《浙江大学学报（人文社会科学版）》2003 年第 2 期。

郁建兴：《马克思国家理论与现时代》，上海：东方出版中心，2007 年。

郁建兴、黄飚：《超越政府中心主义治理逻辑如何可能——基于"最多跑一次"改革的经验》，《政治学研究》2019 年第 2 期。

王诗宗：《治理理论及其中国适用性》，杭州：浙江大学出版社，2009 年。

张明澍：《中国人想要什么样民主》，北京：社会科学文献出版社，2013 年。

王绍光主编：《超越选主：对当代民主的反思》，欧树军译，北京：北京大学出版社，2014 年。

王绍光：《治理研究：正本清源》，《开放时代》2018 年第 2 期。

孙立平：《博弈——断裂社会的利益冲突与和谐》，北京：社会科学文献出版社，2006 年。

翟学伟：《人情、面子与权力的再生产》第二版，北京：北京大学出版社，2013 年。

翟学伟：《中国人行动的逻辑》，北京：社会科学文献出版社，2001 年。

陈振明主编：《公共管理学：一种不同于传统行政学的研究途径》，北京：中国人民大学出版社，2003 年。

黄卫平、王大威、陈文：《中国政治语境中的"国家治理"》，载《当代中国政治研究报告》，北京：社会科学文献出版社，2016 年。

蓝志勇、陈国权：《当代西方公共管理前沿理论述评》，《公共管理学报》2007 年第 3 期。

姜晓萍：《国家治理现代化进程中的社会治理体制创新》，《中国行政管理》2014 年第 1 期。

何包钢、任锋、谈火生、姚中秋、苏鹏辉：《中国的协商政治传统——基于儒学的视角》，《天府新论》2016 年第 5 期。

何包钢：《协商民主和协商治理：建构一个理性且成熟的公民社会》，《开放时代》2012 年第 4 期。

陈剩勇、何包钢主编：《协商民主的发展》，北京：中国社会科学出版社，2006 年。

胡象明：《协商治理：中国公共管理体制改革的目标模式》，《学术界》2013 年第 9 期。

陈家刚：《协商民主与国家治理：中国深化改革的新路向新解读》，北京：中央编译出版社,2014 年。

谈火生、霍伟岸、何包钢:《协商民主的技术》,北京:社会科学文献出版社,
　　2014 年。

谈火生:《协商治理的当代发展》,广州:广东人民出版社,2018 年。

曾峻:《公共管理新论——体系、价值与工具》,北京:人民出版社,2006 年。

复旦"国务智库"战略报告编写组:《复旦国家治理战略报告·常态化治理与全面
　　深化改革》,2015 年 1 月。

刘建军、陈超群主编:《执政的逻辑:政党、国家与社会》,上海:上海人民出版社,
　　2005 年。

马骏、张成福、何艳玲主编:《反思中国公共行政学危机与重建》,北京:中央编译
　　出版社,2009 年。

孙柏瑛:《当代地方治理——面向 21 世纪的挑战》,北京:中国人民大学出版社,
　　2004 年。

孙柏瑛、邓顺平:《以执政党为核心的基层社会治理机制研究》,《教学与研究》
　　2015 年第 1 期。

孔繁斌:《公共性的再生产——多中心治理的合作机制构建》,南京:江苏人民出
　　版社,2008 年。

麻宝斌等:《十大基本政治观念》,北京:社会科学文献出版社,2011 年。

叶娟丽、黄华莉:《改革开放以来中国国家构建研究:回顾与反思》,《武汉大学学
　　报(哲学社会科学版)》2014 年第 4 期。

张贤明:《论政治责任——民主理论的一个视角》,长春:吉林大学出版社,
　　2000 年。

唐亚林:《国家治理在中国的登场及其方法论价值》,《复旦学报(社会科学版)》
　　2014 年第 2 期。

韩福国:《我们如何具体操作协商民主:复式协商民主决策程序手册》,上海:复旦
　　大学出版社,2017 年。

李建:《社会主义协商民主推进国家治理现代化研究》,北京:中国社会科学出版
　　社,2017 年。

何艳玲:《理顺关系与国家治理结构的塑造》,《中国社会科学》2018 年第 2 期。

郭定平:《政党中心的国家治理:中国的经验》,《政治学研究》2019 年第 3 期。

贺东航：《中国现代国家的构建、成长与目前情势——来自地方的尝试性解答》，《东南学术》2006 年第 4 期。

张文喜：《政治哲学视域中的国家治理之"道"》，《中国社会科学》2015 年第 7 期。

张国清：《从政治学到政治科学——中国政治学研究的难题与范式转换》，《厦门大学学报（哲学社会科学版）》2004 年第 4 期。

毛寿龙、李梅、陈幽泓：《西方政府的治道变革》，北京：中国人民大学出版社，1998 年。

程同顺、邢西敬：《关于治理的政治学分析》，《新疆师范大学学报（哲学社会科学版）》2017 年第 4 期。

佟德志：《当代西方治理理论的源流与趋势》，《人民论坛》2014 年第 14 期。

申建林、姚晓强：《对治理理论的三种误读》，《湖北社会科学》2015 年第 2 期。

郑杭生、邵占鹏：《治理理论的适用性、本土性与国际化》，《社会学评论》2015 年第 2 期。

郭于华、沈原、陈鹏主编：《居住的政治：当代都市的业主维权和社区建设》，桂林：广西师范大学出版社，2014 年。

汪和建：《自我行动的逻辑——当代中国人的市场逻辑》，北京：北京大学出版社，2013 年。

赵鼎新：《社会与政治运动讲义》第二版，北京：社会科学文献出版社，2012 年。

周雪光：《权威体制与有效治理：当代中国国家治理的制度逻辑》，《开放时代》2011 年第 10 期。

黄平：《从规范化到本土化：张力与平衡》，《中国书评》1995 年总第 5 期。

吴建平：《理解法团主义——兼论其在中国国家与社会关系研究中的适用性》，《社会学研究》2012 年第 1 期。

王向民：《没有政府的治理：西方理论的适用性及其边界——以明清时期的南方社会组织及其公共服务为例》，《学术月刊》2014 年第 6 期。

施旭：《文化话语研究：探索中国的理论、方法与问题》，北京：北京大学出版社，2010 年。

刘军宁等编：《市场逻辑与国家观念》，北京：生活·读书·新知三联书店，1995 年。

牛新春：《集体性失明：反思中国学界对伊战、阿战的预测》，《现代国际关系》

2014 年第 4 期。

姚洋：《中国道路的世界意义》，北京：北京大学出版社，2011 年。

田国强、陈旭东：《中国历史：历史、逻辑和未来——振兴中华变革论》，北京：中信出版社，2014 年。

金观涛、唐若昕：《西方社会结构的演变——从古罗马到英国资产阶级革命》，成都：四川人民出版社，1985 年。

臧志军：《"治理"：乌托邦还是现实？》，《探索与争鸣》2003 年第 3 期。

田凯、黄金：《国外治理理论研究：进程与争鸣》，《政治学研究》2015 年第 6 期。

孙萍、耿国阶、张晓杰：《中国治理研究：引介、应用、反思与转化》，《南京社会科学》2008 年第 3 期。

申剑、白庆华：《治理理论及其评价》，《广西大学学报（哲学社会科学版）》2006 年第 6 期。

李泉：《治理思想的中国表达：政策、结构与话语演变》，北京：中央编译出版社，2014 年。

曾庆捷：《"治理"概念的兴起及其在中国公共管理中的应用》，《复旦学报（社会科学版）》2017 年第 3 期。

翁士洪：《论治理理论的哲学基础》，《中国治理评论》2014 年第 1 期。

唐皇凤：《协商治理的中国实践：经验、问题与展望》，《中共中央党校（国家行政学院）学报》2020 年第 1 期。

王岩、魏崇辉：《协商治理的中国逻辑》，《中国社会科学》2016 年第 7 期。

王岩、魏崇辉：《基层社会治理的理性认知与实践路径探究》，《中国行政管理》2016 年第 3 期。

魏崇辉、王岩：《当代中国协商治理研究之成绩、问题与应对——一个学术规范角度的考察》，《长白学刊》2016 年第 6 期。

魏崇辉：《当代中国语境下的治理理论研究——一个分析框架构建的尝试》，《政治与法律》2009 年第 4 期。

魏崇辉：《公共治理理论有效适用的困境及其破解：共识、精英与阶层变迁的视角》，《行政论坛》2014 年第 3 期。

魏崇辉：《当代中国公共治理理论有效适用：逻辑、权威与根基》，《社会主义研究》2012 年第 4 期。

魏崇辉:《当代中国地方治理中的协商民主、政府责任与公共精神》,《思想战线》
　　2016 年第 2 期。

魏崇辉:《新时代乡村社会治理主体结构的基本逻辑与梗阻突破研究》,《广西民
　　族大学学报(哲学社会科学版)》2018 年第 5 期。

魏崇辉:《中国协商治理理论与实践互动的背离及其应对》,《中南大学学报(社会
　　科学版)》2018 年第 6 期。

魏崇辉、王岩:《新时代协商治理:内在机理与基本立场》,《理论与改革》2021 年
　　第 1 期。

Grindle,M.S."Good Enough Governance: Poverty Reduction and Reform in
　　Developing Countries".*Governance*,2004(4).

Pierre J. *Debating Governance*: *Authority*, *Steering and Democract*, Oxford
　　University Press,2000.

B.Jessop, *The Future of the Capitalist State*, Cambridge: Polity Press, 2002.

索 引